Liparische Inseln

Peter Amann
Luise Tyroller

Reisen mit Erlebnis-Garantie

MERIAN-TopTen
Was Sie unbedingt sehen sollten

MERIAN-Tipps
Persönliche Empfehlungen
unserer Autoren

MERIAN-Bewertung

 Nicht zu übertreffen
Herausragend
Sehr gut

Für Familien
Für Eltern mit Kindern besonders
geeignet

Tourenplaner
Damit Sie leichter ans Ziel kommen

Karten und Pläne

Die Buchstaben-Zahlen-Kombinationen im Text verweisen auf die Planquadrate der Karten.

Einsame Erholung garantiert: Urlaub auf Alicudi (→ S. 24).

Sieben Inseln feurigen Ursprungs tummeln sich vor Siziliens Nordküste. Sie sind ein Traumziel für Reisende, die den Sinn fürs Abenteuer noch nicht ganz verloren haben.

Weiß gekalkte, kleine Würfelhäuser – typische äolianische Architektur in Canneto auf Lipari (→ S. 34).

Zweifelsohne sind die Liparischen Inseln einer der faszinierendsten Archipele des Mittelmeeres, gleichzeitig ist es aber auch eine Inselwelt, die ihre **splendid isolation** tapfer verteidigt. Man kann nur mit dem Schiff anreisen, daran hat sich seit Odysseus Zeiten nichts geändert. Der nächste Flughafen liegt in Catania auf Sizilien. Von dort geht es per Bus oder Taxi bis an die Nordküste nach Milazzo, und hier erst steigt man um auf die behäbigen Fähren oder schnellen Aliscafi. Eine Stunde später ist man auf Lipari. Einschiffen kann man sich auch in Neapel, die Überfahrt dauert eine Nacht, und als viel versprechender Auftakt einer Reise voller Überraschungen legt die Fähre im Morgenrot in Stromboli an. Wer dieses Paradies besuchen möchte, muss sich eben ein bisschen Mühe geben. Nur VIPs lassen sich im Sommer gelegentlich mit dem Hubschrauber einfliegen. Um Landepisten für Flugzeuge anzulegen, sind die Inseln glücklicherweise viel zu klein.

Die sieben schönen Schwestern

Selbst **Lipari**, die größte der Inseln, misst weniger als 40 Quadratkilometer. Sie ist die historisch bedeutsamste, lebendigste und landschaftlich vielgestaltigste des Archipels. Die Schiffe machen im gleichnamigen Hauptort fest. Über der Hafeneinfahrt wacht der imposante Burgberg, seit Anfang des 4. Jahrtausends v. Chr. bewohnt. Geschichte ist hier in ihrer schönsten und konzentriertesten Form erlebbar.

Das hübsche Städtchen mit seinen 5000 Einwohnern ist eine ideale Basis, um Lipari selbst, aber auch die umliegenden Inseln zu erkunden. Trotz der vielen Tagestouristen hat es nichts von seinem ursprünglichen Charme eingebüßt. **Vulcano**, unmittelbar im Süden Liparis gelegen, ist erst seit dem 19. Jahrhundert bewohnt. Die Gegenwart des immer noch aktiven, zur Zeit allerdings ruhenden Vulkans scheint Respekt einflößend gewesen zu sein. Am Schwefelgeruch erkennt man Vulcano bereits von weitem. Ein Bad im friedlich blubbernden Schwefelschlammtümpel verspricht Schönheit und Gesundheit, die Besteigung des Gran Cratere belohnt mit einer traumhaften Aussicht. **Salina,** mit knapp 27 Quadratkilometern die zweitgrößte im Bunde, ist an der unverwechselbaren Silhouette ihrer Zwillingsgipfel zu erkennen. Der Monte Fossa delle Felci ist mit 962 Metern der höchste Gipfel der Äolen. Macchia und dichte Wälder überziehen die Berghänge, und Landwirtschaft spielt auf der »grünen Insel« eine genauso wichtige Rolle wie der Tourismus. Hier gedeihen die besten Kapern, und aus Salina stammt ein vorzüglicher Dessertwein, der berühmte Malvasia. Weiter im Westen liegen **Filicudi** und **Alicudi,** eine abgelegener als die andere. Und genau darin liegt

Zia Lina in Lipari-Stadt verkauft Kräuter und Gemüse aus ihrem Garten.

auch ihr Reiz. Wer Stille und friedliche Abgeschiedenheit sucht, ist hier richtig. Im Nordosten Liparis liegt **Panarea**, klein und fein. Das knapp 3,5 Quadratkilometer große Eiland ist die hübscheste der »sieben Schwestern«. Verständlich, dass die norditalienische Schickeria sich hier ein festes Sommerrefugium eingerichtet hat. Die Würfelhäuser im traditionellen Inselstil sind sorgfältigst herausgeputzt. Im Juli und August Tummelplatz der Schönen und Reichen, ist Panarea die anderen Monate des Jahres über auch für weniger Betuchte ein sehr lohnendes Ziel. Die schwarze Insel **Stromboli** mit dem allgegenwärtigen Vulkan ist ein absoluter Höhepunkt. Tagsüber bereits ein beeindruckendes Naturschauspiel, steigern sich die regelmäßigen Eruptionen nachts, wenn die emporgeschleuderten, glühenden Lavabrocken sichtbar ihre Parabeln ziehen, zu einem unvergesslichen Spektakel. Das Feuerwerk kann man entspannt von einem Boot auf dem Meer betrachten oder sich nach einer schweißtreibenden Wanderung Logenplätze am Gipfel sichern.

Inseln aus Feuer

So verschieden die einzelnen Inseln auch sind, ihr vulkanischer Ursprung ist allen gemeinsam. Es sind über die Meeresoberfläche herausragende Spitzen mächtiger Vulkane, deren Basis bis zu 3000 Meter tiefer auf dem Meeresboden stehen. Eine Reihe weiterer Vulkane liegt unter dem Meer. Auch sie können eines Tages wieder erwachen. Immer noch aktiv sind Stromboli und Vulcano, Letzterem verdanken alle Feuer speienden Berge ihren Namen. Dampfaustritte, Lavaformationen und die charakteristischen Krater verraten auch auf den anderen Inseln deren wahre Natur. Geologisch sind sie äußerst jung, die ersten fingen an, sich vor einer Million Jahren aus dem Meer zu heben. Die jüngste Insel, **Vulca-**

❗ **MERIAN-Lesetipp**

Die **Odyssee** (Reclam Verlag) ist immer noch der beste Reiseführer für die Liparischen Inseln. Nicht weil hier ultimative Übernachtungstipps gegeben oder die TopTen an den Ufern des Mittelmeeres aufgelistet werden, sondern weil von Neugier und Gastfreundschaft die Rede ist. Wohin die einen bringen kann, ist zum Beispiel im zehnten Gesang die Rede. Und keine Angst vor Reimen, der beinahe dreitausend Jahre alte Versroman liest sich spannend wie ein Thriller. Guter Lesestoff also, sollte mal die Fähre wegen Sturm nicht fahren. Im Archäologischen Museum in Lipari kann man sich auf die Suche machen nach einer bemalten Vase, auf der Odysseus einen Schlauch in der Hand hält. Doch das ist ein anderes Abenteuer …

nello, inzwischen als Halbinsel mit Vulcano verbunden, entstand Berichten antiker Autoren zufolge im Jahre 183 v. Chr.

Die bewegte menschliche Geschichte auf den Liparischen Inseln umfasst einen Zeitraum von mehr als 6000 Jahren und steht in engem Zusammenhang mit ihrer vulkanischen Natur. Die erste »industrielle Revolution« erlebte die Hauptinsel Lipari bereits gegen Ende des 5. Jahrtausends v. Chr. Das schwarze Vulkanglas Obsidian wurde von Einwanderern aus Si-

Steinreich durch Obsidianhandel

zilien abgebaut und zu Schneidewerkzeugen und Waffen weiterverarbeitet, die im gesamten westlichen Mittelmeerraum einen reißenden Absatz fanden. Der wirtschaftliche Erfolg setzte sich dank der günstigen Lage an einer der wichtigsten Seehandelsrouten auch während der Bronzezeit fort. Kein Wunder, dass dadurch die Begehrlichkeit anderer Völker geweckt wurde. Die Geschichte des Archipels blieb denn auch über lange Zeit eine der blutigen Eroberungen. Im 3. Jahrtausend v. Chr. wanderten Äolier vom griechischen Festland ein. Sie gaben der Inselgruppe übrigens ihren Namen. In dieser Epoche bestand ein reger Austausch mit der mykenischen Welt, der seinen Nachhall in den homerischen Epen fand. Es fällt nicht schwer, im Kastell von Lipari die von »ehernen Mauern« umgebene Burg des my-

thischen Königs Aiolos (lat. Äolus) zu sehen, der Odysseus gastfreundlich aufnahm. Um 1200 v. Chr. nahmen dann die aus Süditalien eingedrungenen Ausonier die Inseln in Besitz. Ihr König Liparos war schließlich der zweite Namensgeber des Archipels.

Piraten am Horizont

In der griechischen Antike erlebten die Inseln noch einmal eine Blütezeit, gerieten dann unter den Römern ins Abseits und dienten sogar als Verbannungsort. Sklaven und Strafgefangene mussten auf Vulcano Alaun und Schwefel abbauen. An diese finstere Tradition knüpften die Bourbonen im 18. und Faschisten im 20. Jahrhundert wieder an. In den dazwischen liegenden Jahrhunderten waren die Inselbewohner weitgehend schutzlos den Piratenüberfällen ausgeliefert. Im Jahr 1544 nahm der türkische Korsar Khair-ad-Din, besser bekannt als Barbarossa, die Stadt Lipari nach heftiger Belagerung ein und verschleppte mehr als 10 000 Menschen in die Sklaverei. Lipari wurde im Auftrag Kaiser Karl V. neu besiedelt, und das Kastell erhielt seine heutige Gestalt.

Den Weinreben, die die Griechen der Antike eingeführt hatten, verdankten die Liparen im 19. Jahrhundert einen zweiten Wirtschaftsboom. Die durstigen Matrosen der in Messina stationierten englischen Kriegsflotte sorgten für stete Nachfrage. Davon profitierte im besonderen Maße Salina, das die Gelegenheit nutzte, um sich aus der politischen Bevormundung durch Lipari zu lösen. Auch heute noch verwaltet Lipari alle Inseln des Archipels bis auf Salina, das wiederum drei eigene Kommunen hat. Der Weinanbau auf den fruchtbaren Vulkanböden fand 1889 sein vorläufiges Ende, als die Reblaus auch die Äolischen Inseln erreichte. In Folge der wirtschaftlichen Misere setzte ein Massenexodus in Richtung Australien oder Amerika ein, und bis Anfang des 20. Jahrhunderts

Der große Exodus

hatte mehr als die Hälfte aller Inselbewohner ihre Heimat verlassen. Im Jahr 1949 drehte der Regisseur Roberto Rossellini mit Ingrid Bergman den Film »Stromboli – Terra di Dio«, in der eigentlichen Hauptrolle der Feuer spuckende Vulkan. Die Neugier auf das faszinierend schöne Archipel war geweckt, und die ersten Urlauber ließen nicht lange auf sich warten. 1993 hat Nanni Moretti den Film »Liebes Tagebuch« gedreht, in dem er die Eigenarten einer jeden Insel liebevoll karikiert. Michael Radford hat auf Salina »Der Postmann« angesiedelt, seitdem Ziel von Touristen auf den Spuren Pablo Nerudas – der in Wirklichkeit nie hier war.

Der Fremdenverkehr ist inzwischen die Haupteinnahmequelle der Äolischen Inseln. Vor allem im Hochsommer, im August, verbringen die Italiener in Scharen ihren Urlaub am Meer. Dann ist alles voll, und die Preise überschreiten die Schmerzgrenze. In den Frühjahrs- und Herbstmonaten hingegen laden die Inseln zu einem wunderschönen Urlaub ein. Faszinierende Vulkanlandschaf-

Schlaraffenland mit Hochsaison

ten, herrliche Wanderwege, ein blitzsauberes Meer, im Inselstil errichtete Hotels und eine ausgezeichnete Küche entschädigen für die etwas umständliche Anreise. Die Insulaner teilen sieben Monate im Jahr, von April bis Oktober, mit ihren Gästen ein Schlaraffenland. Dann schließt das Paradies seine Pforten. Die meisten Hotels motten die Betten ein, Restaurants drehen den Gashahn zu, private Zimmervermieter beziehen wieder die Räume, die vorher von Gästen belegt waren. Die Fährverbindungen werden ausgedünnt aufs Notwendige.

Der selbstbewusste Umgang mit dem Tourismus, den die Insulaner pflegen, ist auf alle Fälle liebenswert. Die aus der Bronzezeit stammende Terme di San Calogero auf Lipari ist gesperrt? »Klettern Sie einfach über den Zaun.« Die Wanderwege sind nicht markiert? Im Fremdenverkehrsamt wird eine Karte kopiert und geduldig erklärt. Ein Restaurant ist noch geschlossen? Der Chef der nahe liegenden Bar kocht Ihnen hervorragende Pasta. Von Anfang an spürt man, dass man ein herzlich willkommener Gast ist. Im Jahr 2000 hat die UNESCO die Äolischen Inseln in die Liste des Welterbes aufgenommen – für die Inselbewohner und ihre Gäste eine Ehre und Verpflichtung zugleich.

*Oben: Gemächliche Fährfahrten
zwischen den Inseln –
ein Erlebnis für alle Sinne.*

*Mitte: An der Punta Milazzese
auf Panarea (→ S. 48) sind
die Grundmauern einer bronzezeitlichen Siedlung zu sehen.*

*Unten: Aus dem Gran Cratere
auf Vulcano dringt Schwefel-
dampf (→ S. 66, 83).*

Gastfreundschaft hat auf den Äoli-schen Inseln eine lange Tradition: Bereits Odys-seus konnte ein Lied davon singen. Das Angebot ist nicht groß, aber vielfältig.

Ehemalige Adelsvillen öffnen gut betuchten Gästen ihre Pforten, wie hier in Rinella auf Salina (→ S. 55).

Es ist nicht gerade günstig, auf den Inseln zu nächtigen: Vor allem von Mitte Juli bis Ende August muss man nicht nur rechtzeitig buchen, sondern sich auch auf gesalzene Preise einstellen. Eine weitere Nebenerscheinung der **alta stagione**, der Hauptsaison, ist die Verpflichtung zur Halbpension. Deshalb empfiehlt es sich, im Frühjahr oder Herbst zu reisen – ohnehin die schöneren Jahreszeiten. Dann findet man auch meist problemlos eine charmante und bezahlbare Bleibe. Im Winter, zwischen November und März, sind fast alle Hotels geschlossen. Die nützliche Broschüre **Isole Eolie. Ospitalità in blu** des Fremdenverkehrsamtes Lipari, in der alle offiziellen Unterkünfte verzeichnet sind, ist auch im Internet abrufbar: www.netnet.it/aasteolie.

Eine günstige Alternative zu Hotel und Pension sind für Familien mit Kindern **Ferienwohnungen**; in der Vorsaison schon ab 280 € pro Woche zu mieten. Informationen bei: Prima Klima Reisen, Hauptstr. 5, D-10827 Berlin; Tel. 0 30/7 87 92 70, Fax 0 30/78 79 27 20, www.primaklima.de.

Wildes Campen ist auf den Inseln verboten. Offizielle Plätze gibt es auf Lipari und Salina.

---

❶ MERIAN-Tipp

Hotel Signum auf Salina Behutsam und mit viel Gusto haben Clara Rametta und ihr Mann Michele in Malfa auf Salina eine Gruppe äolianischer Häuser restauriert. Die Gästezimmer sind urgemütlich und mit jedem Komfort versehen. Zentraler Mittelpunkt ist die Terrasse, auf der allabendlich ein vorzügliches Essen aufgetischt wird. Im weitläufigen Garten gibt es einen Pool, in wenigen Minuten kann man aber auch zu einer schönen Badebucht ans Meer absteigen. Clara versorgt ihre Gäste mit unbezahlbar guten Tipps. Via Scalo 15; Tel. 09 09 84 42 22, Fax 09 09 84 43 75; E-Mail: salina@hotel signum.it, Internet: www.hotel signum.it; 30 Zimmer ★★/★★★ DINERS EURO VISA ■ C 13, S. 114

Hotels und Pensionen sind häufig im typischen Inselstil errichtet.

Alle in diesem Buch empfohlenen Unterkünfte auf einen Blick

Preisklassen

Die Preise gelten für zwei Personen im Doppelzimmer inkl. Frühstück. Achtung: Im August erhöhen sich die Übernachtungspreise bis auf das Doppelte.
★★★★ ab 150 €
★★★ ab 100–150 €
★★ ab 50–100 €
★ bis 50 €

»Und im Krieg ging es uns so schlecht, dass wir sogar Fisch essen mussten.« – So erzählen manche Leute auf den Liparischen Inseln, die die Hungerjahre miterlebt haben.

Die Küche der Äolen stilvoll genießen bei »Pina« auf Panarea (→ S. 49), einem der besten Restaurants der Inselgruppe.

Die traditionelle äolische Küche hat den Fisch eher stiefmütterlich behandelt, wenn auch mittlerweile der Tourismus für eine reichhaltige Auswahl auf den Speisekarten sorgt. Gegessen wurden früher in erster Linie Hülsenfrüchte, nur am Sonntag gab es Pasta mit Fleischragout und Hammelbraten. Immer noch gehören die **legumi** zu den Lieblingszutaten der Insel-Küche. Und wer einmal eine Suppe aus Linsen in einer sämigen Brühe aus Wildfenchel und Sardinen, gekrönt von einem Schuss Olivenöl, gekostet hat, bekommt eine Ahnung davon, wie die Liparoten aus einfachsten Zutaten köstliche Gerichte zaubern können. Die wichtigsten Fleischlieferanten sind die Kaninchen, die gerne in einer süß-sauren Sauce, **all'agrodolce**, serviert werden. Die Zutaten für die Mehrzahl der Gerichte werden auf den Terrassenfeldern der Inseln angebaut. Für die **pasta ca pumamuredda** verwendet man beispielsweise die kleinen Strauchtomaten, frisch oder im Winter an der Luft getrocknet. Ihre mitgeschmorten Schalen geben dem **sugo** einen unvergleichlichen Geschmack.

Statt **insalata mista** sollte man einmal die inseltypische **insalata liparota** bestellen, fast schon eine kleine Mahlzeit. Sie wird aus kalten gekochten Kartoffeln, rohen roten Zwiebeln, **pumareddi**, bitterem Romana-Salat und natürlich reichlich Kapern komponiert.

Im Frühsommer öffnen sich die auffälligen, weißrosa Blüten der Kapernsträucher mit einem verführerischen Duft. Feinschmecker rümpfen ihre Nasen. Sie sind nur an den

Die Orchideen der Äolen

Knospen interessiert, die in Salz oder Essig eingelegt vielen Speisen erst zu ihrem unverwechselbaren Äolen-Aroma verhelfen. Aber auch die kleinen gurkenförmigen Früchte, die **cucunci**, können köstlich zubereitet werden. In Öl oder Essig mariniert, adeln sie jeden Salat und jede Scheibe Brot. Kein Wunder, dass Kapern und Kapernfrüchte zu den beliebtesten kulinarischen Mitbringseln gehören (→ MERIAN-Tipp, S. 96).

❶ MERIAN-Tipp

Seit 1910 verteidigt **Filippino** am Fuße des Burgbergs von Lipari-Stadt seinen Ruf. Mit Erfolg, das Restaurant wird in Gourmetführern hoch gelobt. Das Geheimnis der delikaten Äolenküche ist simpel, die Zutaten müssen stimmen: Gemüse und Kräuter aus Bauerngärten, frisch gefangene Fische und Meeresfrüchte. Köstlich als **primo piatto** ist der Risotto mit Zucchiniblüten und Garnelen oder **al nero di sepia**, schwarz und teuflisch gut. Auch die hausgemachten Makkaroni sind sehr zu empfehlen. Dem Fisch erweist man bei Filippino alle Ehren. Wie wäre es mit **involtini di pesce spada**, Schwertfischröllchen? Verführerisch ist die Auswahl hausgemachter Dolci und Digestifs, auch die Weinliste lässt keine Wünsche offen. Ein kleiner Tipp zum Schluss: Tagsüber wird das Lokal auch von Reisegruppen besucht, entspannter ist die Atmosphäre abends. Piazza Mazzini; Tel. 09 09 81 10 02; Mitte Nov.–Mitte Dez. geschl.; tgl. außer Mo ★★★ AmEx DINERS EURO VISA   ■ d 2

Mit den Sizilianern verbindet die Liparoten die Leidenschaft für Süßigkeiten. Aber ihre Fantasie geht eigene Wege. Aus Brandteig entste-

Süße Sünden und Vulkanwein zum Dessert

hen die **sfingi**, in denen sich eine Füllung aus Kürbiscreme, Kaktusfeigenmark oder Milchreis verbirgt. Nicht nur zu Weihnachten werden die **nacatuli** gebacken, mit Marzipan gefüllte und mit Mandarine, Zimt, Rosenwasser und Malvasia aromatisierte Mürbteig-Plätzchen. Und damit tritt auch der Star der äolischen Tafelfreuden auf: die Malvasier-Traube, die bereits in der Antike hoch geschätzt wurde. Vor dem Keltern werden die Trauben noch einige Zeit auf Gittern zum Trocknen ausgebreitet, damit sich ihr Zuckergehalt erhöht. Auch wird ein kleiner Anteil **corinto**

nero, die Traube, von der die Korinthen stammen, zugegeben. Die Produktion des aromatischen, bernsteinschimmernden Süßweins mit dem feinen Vulkanaroma ist gering, doch trinkt man ihn auch nur in kleinen Schlucken zum Dessert. Der beste Malvasia kommt heute aus Malfa von der Insel Salina, Hauner und Caravaglio sind die bekanntesten Winzer.

Restaurants sind bei den einzelnen Orten im Kapitel »Sehenswerte Orte« beschrieben.

Preisklassen

Die Preise beziehen sich jeweils auf ein Menü ohne Getränke, Gedeck und Trinkgeld (Steuern sind immer inklusive).

★ ★ ★ ★ ab 50 €
★ ★ ★ ab 25 €
★ ★ ab 15 €
★ bis 15 €

Traditionelles Gebäck –
nicht nur schön anzusehen.

ESSDOLMETSCHER

Wichtige Redewendungen
→ S. 107

A

acciughe: Sardellen
aceto: Essig
acqua minerale: Mineralwasser
aglio: Knoblauch
agnello: Lamm
alla griglia: gegrillt
all'agro-dolce: süß-sauer
antipasti: Vorspeisen
aranciata: Orangenlimonade
aragosta: Languste

B

basilico: Basilikum
bevande: Getränke
birra: Bier
biscotto: Keks
bistecca: Steak, Schnitzel
bollito: gekocht
branzino: Seebarsch
brodo: Fleischbrühe
bruschetta: geröstetes Brot mit
  Tomaten, Öl und Knoblauch
burro: Butter

C

caffè (espresso): Espresso
– *corretto:* Espresso mit einem
  Schuss Alkohol
– *latte:* Milchkaffee
– *macchiato:* Espresso mit einem
  Schuss Milch
calamari: Tintenfische
capperi: Kapern
capreto: Zicklein
carciofo: Artischocke
carne: Fleisch
carpaccio: hauchdünn geschnittenes
  rohes Fleisch bzw. Fisch
cefalo: Meeräsche
cipolla: Zwiebel
coniglio: Kaninchen
contorni: Beilagen
cozze: Miesmuscheln
crostacei: Krebstiere
crostino: geröstetes Brot
crudo: roh
cucunci: Kapernfrüchte

D

dentice: Zahnbrasse
dolce: süß, Süßspeise
duro: hart, zäh

F

fagioli: weiße Bohnen
fagiolini: grüne Bohnen
fico: Feige
filetto: Filet
finocchio: Fenchel
focaccia: salziges Hefefladenbrot
formaggio: Käse
fritto misto di pesce: verschiedene
  gebackene Fische und Meeresfrüchte
frutta: Obst
frutti di mare: Meeresfrüchte
funghi: Pilze

G

gambero: Krebs
gelato: Eis
ghiaccio: Eiswürfel
gnocchetti: Kartoffelklößchen
granita: Sorbet
grissini: dünne Knabberstangen

I

insalata: Salat
– *liparota:* gemischter Salat mit gekochten Kartoffeln und Kapern
– *mista:* gemischter Salat
– *verde:* grüner Salat
involtini: Fleisch- oder Fischrouladen

L

latte: Milch
– *di mandorla:* Mandelmilch
lattuga: Kopfsalat
lenticchie: Linsen
lesso: gekocht
limone: Zitrone

M

maccheroni: dicke, hohle Nudeln
maiale: Schwein
manzo: Rind
melanzane: Auberginen
melone: Zuckermelone
menu: Speisekarte

miele: Honig
minestra: Suppe
minestrone: Gemüsesuppe mit
  Nudeln

N
nocciola: Haselnuss
noce: Nuss

O
olio: Öl
olive: Oliven
orata: Goldbrasse

P
pane: Brot
panino: Brötchen, belegtes Brot
parmigiano: Parmesankäse
pasta al brodo: Nudelsuppe
pastasciutta: Nudelgericht mit Sauce
pasticcio: überbackenes Nudelgericht
patate: Kartoffeln
pecorino: Schafskäse
pepe: Pfeffer
peperoncino: kleine Pfefferschote
peperone: Paprika
pera: Birne
pesca: Pfirsich
pesce: Fisch
– *spada:* Schwertfisch
pesto: Sauce aus zerstoßenen
  Kräutern
petto di pollo: Hühnerbrust
piatto: Teller, Gang
– *del giorno:* Tagesgericht
piselli: Erbsen
pollo: Huhn
polipo: Tintenfisch
pomodoro: Tomate
pranzo: Mittagessen
prima colazione: Frühstück
prosciutto: Schinken
provolone: pikanter Käse

R
radicchio: Radicchiosalat
ravioli: gefüllte Teigtaschen
riccio: Seeigel
ricotta: quarkartiger Käse
riso: Reis

risotto: Reisgericht
– *alla marinara:* mit Meeresfrüchten
– *alla milanese:* mit Safran
– *nero:* mit Tintenfischsauce

S
salsa: Sauce
salsiccia: Würstchen
salvia: Salbei
sarago: Brasse
sarde: Sardinen
scampi: Krabben
seppia: Tintenfisch
sgombro: Makrele
sogliola: Seezunge
sott'olii: in Olivenöl eingelegtes
  Gemüse oder Meeresfrüchte
spezzatino: Kalbsgulasch
spiedo (allo): vom Spieß
spiedino di carne: Fleischspieß
spigola: Seebarsch
spinaci: Spinat
spremuta: frisch gepresster Saft
– *di limone:* frisch gepresster
  Zitronensaft
stracciatella: Eierflaumsuppe
stufato: gedünstet
sugo: Sauce

T
tagliatelle: Bandnudeln
tavola calda: Schnellimbiss
timo: Thymian
tonno: Tunfisch
totani: Pfeilkalmare
– *ripieni:* gefüllte Pfeilkalmare
triglia: Barbe

U
uovo: Ei
uva: Trauben

V
verdura: Gemüse
vino cotto: eingekochter Most
vitello: Kalb
vongole: Venusmuscheln

Z
zucca: Kürbis
zuppa di pesce: Fischsuppe

»Die sieben Schwestern« werden die Liparischen Inseln manchmal genannt, und jede von ihnen hat ihr unverwechselbares Gesicht, ist eine eigene kleine Welt.

Der Anstieg auf den schwefeldampfenden Gran Cratere auf Vulcano führt durch süß duftenden Ginster (→ S. 66, 83).

Wer Einsamkeit und ein sauberes Meer sucht, Treppenwege nicht scheut und außerhalb des Sommers auf den Komfort eines Hotels verzichten kann, ist auf Alicudi richtig.

Alicudi ■ A 11–B 12, S. 112

140 Einwohner

Alicudi, 26 Seemeilen westlich von Lipari und 66 Seemeilen westlich von Milazzo, ist die entlegenste Insel des Archipels. Und genau darin liegt ihr Reiz. Auf dem Schiff hat man genügend Muße, das Aufsteigen des beinahe perfekten Kegels des **Filo dell'Arpa** zu betrachten. Die Spitze des vor 28 000 Jahren endgültig erloschenen Schichtvulkans, der das Eiland formt, ragt 675 Meter über die Meeresoberfläche hinaus, während seine steilen Flanken mehr als 1500 Meter unter Wasser abfallen.

Natürlich ist es nicht jedermanns Sache, auf einer Insel Urlaub zu machen, die keine Straßen und keine nächtliche Beleuchtung hat, auf der Banken, Boutiquen und Diskotheken unbekannt sind und deren einziges Hotel nur von Juni bis September geöffnet ist. Elektrischen Strom gibt es erst seit 1991! Nur wenige Male am Tag legen Fähren und Tragflügelboote an, bei Sturm kann es vorkommen, dass sie abdrehen und wieder zurückfahren. Kein Wunder, dass die meisten Besucher auf den Ausflugsschiffen aus Lipari kommen, Lunchpaket inklusive, eine Stunde Landgang und Rückfahrt garantiert. Nicht zu Unrecht fühlen sich die Alicudari etwas im Abseits, die Tourismus-Euro schwimmen an ihnen weitgehend vorbei. Empfehlenswert ist eher der Tagesausflug mit den Fährschiffen aus Filicudi. Denn zwei Stunden Zeit für den Spaziergang bis hoch zu der Kirche **S. Bartolo** sollten es schon

sein. Und wer keine Angst vor Inselkoller hat, der sollte sich auf das Abenteuer einlassen, auf der Insel über Nacht zu bleiben.

Autos sucht man auf der nur 5,2 Quadratkilometer großen Insel vergebens. Die einzige eben verlaufende Straße, der Lungomare, ist wenige hundert Meter lang und endet vor dem Hotel Ericusa. Das gelbe Schild »Servizio urbano e interurbano« (»Städtischer und innerstädtischer Nahverkehr«) am Hafen bezieht sich nicht auf Busse, sondern auf die langohrigen Grautiere, die hier beladen werden, um über die steilen Treppenstufen Lebensmittel, Baumaterial und vor allem Gasflaschen zu den höher gelegenen Häusern zu transportieren.

Alicudi war auch früher abgeschieden, die archäologischen und historischen Spuren sind spärlich. Im Mittelalter war die Insel völlig unbewohnt. Die Neuansiedlung im 17. Jahrhundert entstand in geschützter Lage am Berg. Im Falle der immer noch drohenden Piratenüberfälle konnten Frauen und Kinder in das Felslabyrinth unterhalb des Gipfels fliehen, das heute noch den Namen **Timpone delle Femmine** trägt. Während die Westseite Alicudis schroff und völlig unzugänglich ist, wurde der Osthang in generationenlanger Arbeit fast vollständig terrassiert. Bis Anfang des 20. Jahrhunderts lebten etwa 1000 Menschen von den Erzeugnissen der Landwirtschaft. Dann kam die Wirtschaftskrise und mit ihr ein Massenexodus Richtung Amerika und Australien.

Oben: Vor der Chiesa S. Bartolo weitet sich der Blick auf die Inseln im Osten.

Mitte: Alicudi gibt sich ganz gelassen.

Unten: Auf Alicudi gibt es keine Straßen, nur Treppenwege. Maultiere übernehmen den Transport von Lasten.

Die überwiegende Mehrzahl der Inselbewohner lebt heute in freundlich
restaurierten Häusern in unmittelbarer Hafennähe. Je weniger Stufen
zu steigen sind, desto besser. Auch
umso billiger, denn alle Lasten müssen mit den Maultieren transportiert
werden, und die Fuhren werden nach
Treppenstufen berechnet. Auch wenn
die Staatsbürokratie den Treppen-
wegen Alicudis inzwischen Namen
verpasst hat, werden Adressen auch
heute noch durch die Zahl der Stufen
angegeben. Lange Zeit verfielen die
alten Bauernhäuser am Berg, bis italienische und deutsche Aussteiger
den herben Charme der Insel für sich
entdeckten und anfingen, ganze
Gehöfte wieder in Stand zu setzen.
Auch die einheimischen Alicudari
haben sich von so viel Tatendrang
anstecken lassen und haben Gemüsegärten auf ihren hoch gelegenen
Grundstücken angelegt. Und frisch
renoviert sehen alte Bauernhäuser
ihrer neuen Bestimmung als Ferienwohnungen entgegen.

Hotels/andere Unterkünfte

Belezza, Maria
Privatunterkunft wenige Stufen oberhalb des Hafens. Einfache Zimmer
mit Gemeinschaftsbad. Kein Frühstück. Ganzjährig geöffnet.
Strada Costa Grotta; Tel. 09 09 88 99 17;
3 Zimmer ★ ⬜

Casa Mulino
Italo Palermo hat eine alte Ölmühle
und ein weiteres Haus direkt am
Hafen restauriert und darin einige
freundliche, komfortable Appartements mit Blick aufs Meer einge-
tet. Kein Frühstück, dafür Kochgelegenheit. Mai bis Ende September.
Auf Anfrage auch im Winter geöffnet.
Via Regina Elena; Tel. 09 09 88 96 81, Mobile 3 68 93 91 99; 13 Zimmer ★/★★ ⬜

Ericusa
Das einzige Hotel und Restaurant
(→ S. 27) der Insel liegt am Meer,
wenige Meter südlich des Schiffsanlegers. Der freundliche Wirt Peppino Taranto organisiert für seine
Gäste Bootsausflüge und geführte
Wanderungen. Juni bis September.
Località Perciato; Tel. 09 09 88 99 02,
09 09 88 99 10, Fax 09 09 88 96 71; E-Mail:
alicudihotel@alicudihotel.it, Internet:
www.alicudihotel.it; 20 Zimmer ★★
AmEx DINERS EURO VISA

Spaziergang/Wanderung

Der einzige kurze Spaziergang, der
nicht mit Treppensteigen verbunden
ist, führt am Hotel Ericusa vorbei bis
zum **Perciato**, einem Lavabogen am
Meer. Hier liegt eine der schönsten
Badestellen der Insel, das Wasser ist
kristallklar, und die Sonne scheint
bis zum späten Nachmittag.
Auf einem besonders schönen
Treppenweg, der als Via Roma an der
neugotischen Chiesa del Carmine
vorbeiführt, erreicht man in etwa einer Stunde die 340 m hoch gelegene
Kirche S. Bartolo (auf manchen Karten wird sie mit der Chiesa del Carmine verwechselt). Die Chiesa S. Bartolo liegt im Zentrum der früher be-
wohnten Weiler **Montagna, Pianicello, Sgurbio** und **Castello**. Immer noch
treffen alle Wege auf dem kleinen
Kirchplatz zusammen. Gemauerte
Sitzbänke laden zur Rast ein, eine
Weinpergola spendet Schatten. Es ist
sehr still hier oben, und man genießt
einen wunderschönen Blick auf Filicudi und die Inseln im Westen.
Von S. Bartolo aus lässt sich in
weiteren eineinhalb Stunden der Inselgipfel **Filo dell'Arpa** erklimmen.
Dafür sollte man allerdings feste
Wanderschuhe tragen. Oberhalb der
Kirche zweigt ein Weg nach links ab,
eine weiße Schrift auf den Felsen
weist zu den »Crateri«. Nach einem
steilen Anstieg durch ein Tal führt

der Weg in einen kleinen erloschenen Vulkankessel. Zerstreut liegen
hier die würfelförmigen Häuser von
Montagna inmitten gepflegter Gärten. Harte Arbeit hat die raue Landschaft in einen kleinen Garten Eden
verwandelt. Vor der letzten Häuser-
gruppe führt der Weg links hoch.
Durch ein Holzgatter erreicht man
einen weiter oben gelegenen Krater-
boden, und gegen den Uhrzeigersinn
beginnt man die höher gelegene
Gipfelregion zu umrunden. Die Landschaft wirkt herb und uralt, ein Ein-
druck, der durch die auf Steine ge-
setzten Rundhütten unterstrichen
wird. An den Hängen wächst die
Erika, die der Insel in der Antike den
Namen Ericusa eingetragen hat. Vom
westlichsten Rand des **Dirittusu** ge-
nannten Kraterbodens fällt der Blick
500 m in die Tiefe auf die wild zer-
klüftete Westküste. Wie ein Schiff
trotzt der **Scoglio Galera** den anbran-
denden Wellen. Blickt man zurück
in Richtung Gipfel, erkennt man die
beiden Spitzen des **Timpone delle
Femine**. Der letzte Teil des Aufstiegs
ist nicht ganz leicht zu finden.

Essen und Trinken

Airone
Marinoantonio, der Sohn des Fischers
Silvio Taranto (s. u.), hat sich mit
diesem kleinen Lokal südlich des
Fähranlegers selbstständig gemacht.
Terrasse am Meer, einfache Gerichte.
Via Perciato 7; Juni–Okt. tgl. mittags und
abends ★ ▭

Ericusa Ⓜ
Ausgezeichnetes Fischrestaurant mit
Blick aufs Meer. Je nach Angebot
werden auch die gefragten Alicudi-
Langusten aufgetischt
Località Perciato, Tel. 09 09 88 99 02;
Juni–Sept. tgl. mittags und abends
★★/★★★ AmEx DINERS EURO VISA

Taranto, Silvio
Privater Mittagstisch einige Treppenstufen oberhalb der Mole. Telefo-
nisch vorbestellen oder rechtzeitig
Bescheid geben. Silvio ist einer der
wenigen Fischer auf Alicudi, entsprechend kommt hier immer fang-
frischer Fisch auf den Tisch.
Strada Costa Grotta 20; Tel.
09 09 88 99 22; auf Vorbestellung
ganzjährig geöffnet, mittags ★ ▭

Service

Auskunft
→ S. 40

Bootstouren
Der Besuch von Alicudi wäre unvollständig ohne eine Inselumrundung
mit dem Boot. Dabei erlebt man ein
Naturschauspiel sondergleichen. Als
westlichste der Äolischen Inseln ist
Alicudi dem Ansturm von Wind und
Wellen schutzlos ausgesetzt, dem sie
allerdings ihre schroffen Felswände
entschlossen entgegenstemmt. Fragt
man ein bisschen herum, wird man
bestimmt einen Einheimischen finden, der Besucher gerne auf eine
Bootstour mitnimmt.

Fähren und Tragflügelboote
Schiffe machen am Molo Nuovo auf
der Ostseite der Insel fest, hier befinden sich auch die Fähragenturen.
Fahrpläne sind angeschlagen bzw.
liegen aus. Auskünfte erteilen:
SIREMAR Tel. 09 09 88 97 95
SNAV Tel. 09 09 88 99 12
Die Frequenz der Fährverbindungen
ist gering und nimmt mit dem Winter-
fahrplan weiter ab. An stürmischen
Tagen gelingt es den Schiffen nicht
immer anzulegen, und im Winter
bleibt Alicudi manchmal tagelang abgeschnitten. Im Sommer mehrmals
pro Woche Tragflügelboote der SNAV
aus Cefalù und Palermo.

Das beschauliche Filicudi liegt auf halber Strecke zwischen Salina und Alicudi. Die Ruinen des bronzezeitlichen Dorfes am Capo Graziano schlagen nicht nur Archäologen in den Bann.

Filicudi

300 Einwohner

Filicudi nimmt für sich gerne in Anspruch, Verbannungsort der römischen Kaisertochter Julia gewesen zu sein. Tatsache ist, dass Augustus seine einzige Tochter, die mit ihrem ausschweifenden Lebenswandel sein moralisches Erneuerungsprogramm in Verruf brachte, aus Rom auf eine einsame Mittelmeerinsel verbannen ließ. Was für die vergnügungssüchtige Julia eine Strafe war, suchen heute manche Gäste freiwillig und genießen hier den langsamen Fluss des Lebens.

In der Antike auch als »Phoinikoides«, die »Farnreiche«, bekannt, hat Filicudi nichts von ihrem äolischen Charme eingebüßt. Farne geben auch dem 774 m hohen Inselgipfel **Monte Fossa delle Felci** seinen Namen. Die letzten Wälder wurden im 17. Jahrhundert gerodet, dennoch präsentiert sich Filicudi keineswegs als kahles Felseneiland. Auf den ehemals gepflegten, inzwischen aber aufgelassenen Ackerterrassen hat sich duftende Macchia ausgebreitet. Die kleinen Ortschaften sind nach wie vor von der typischen Inselarchitektur geprägt, die wenigen Neubauten fallen kaum störend auf. Erst seit wenigen Jahren verbindet eine 7 km lange Asphaltstraße den Hafen **Filicudi Porto** mit den Ortsteilen **Rocca**

Bronzezeitliche Siedlung in Panoramalage am Capo Graziano (→ S. 30).

dei Ciauli, **Val di Chiesa** und **Pecorini**. Die alten Maultierpfade und Treppenwege haben sich größtenteils gut erhalten und werden von den Einheimischen nach wie vor genutzt. Seit dem Sommer 2000 werden auch die zwischenzeitlich verfallenen Wege in privater Initiative gesäubert und von Dornen freigehalten. Nützlich für den Besucher ist die Kartenskizze »Camminare a Filicudi« (»Wandern auf Filicudi«), die man gratis fast überall auf der Insel selbst und in Lipari beim Centro Servizi al Turismo (→ S. 40) erhält. An den Kreuzungen stehen, da wo in der Antike Hermen den Weg wiesen, christliche Heiligenschreine in gleicher Funktion.

Einer der stimmungsvollsten Orte der Insel ist die Siedlung auf dem **Capo Graziano**, die auf das 18. Jahrhundert v. Chr. zurückgeht. Ähnlich wie auf dem Capo Milazzese von Panarea sind hier die Reste von steinernen Rundhütten zu sehen. Einzigartig ist auch die Lage des 100 m hoch gelegenen Plateaus. Von hier überblickt man die gesamte Insel. Einsam und stolz erhebt sich im Westen Alicudi. Alleine schon um den Sonnenuntergang von hier oben zu erleben, lohnt es sich, auf Filicudi zu übernachten.

Außer für schöne Wanderungen, z. B. auf den **Monte Fossa delle Felci** oder zum verlassenen Dorf **Zucco Grande**, sollte man sich Zeit für eine Bootsfahrt um die Insel nehmen (→ MERIAN-Tipp, S. 30)!

Hotels/andere Unterkünfte

La Canna M M ■ E 11, S. 113
Ausgesprochen hübsche, im äolianischen Stil errichtete, frisch renovierte Drei-Sterne-Pension im Ortsteil Rocca dei Ciauli. Traumblick auf das Meer und die Inseln im Osten. Ein schöner alter Treppenweg führt direkt vom Hafen hoch, vorbei am Ho-

tel Phenicusa. Die Besitzer holen einen selbstverständlich auch an der Mole ab, wenn man vorher anruft. Das Restaurant zählt zu den besten der Insel, die Halbpension ist sehr zu empfehlen(→ S. 31)! Pietro Anastasi und sein Sohn Vincenzo kennen jeden Pfad auf der Insel und sind um gute Ratschläge selten verlegen. Ganzjährig geöffnet.
Via Rosa 43, Rocca dei Ciauli; Tel. 09 09 88 99 56, Fax 09 09 88 99 66; E-Mail: vianast@tin.it, Internet: www.lacannahotel.it; 10 Zimmer ★★/★★★★ EURO VISA

La Sirena M ♀♂ ■ D 11, S. 113
Antonio Pellegrino führt gemeinsam mit seiner schottischen Frau Alina diese kleine und romantische Pension am Kiesstrand von Pecorini a Mare. Die Zimmer sind geschmackvoll mit antiken Möbeln eingerichtet. Das Restaurant ist absolut empfehlenswert, alleine schon wegen seiner herrlichen Terrasse (→ S. 31). Ganzjährig geöffnet.
Via Pecorini Mare; Tel. 09 09 88 99 97, Fax 0909 88 92 07; E-Mail: lasirena@netnet.it, Internet: www.pensionelasirena.it; 8 Zimmer ★★ AmEx DINERS EURO VISA

Villa La Rosa ■ E 11, S. 113
Die in unmittelbarer Nachbarschaft vom Hotel La Canna gelegene Villa La Rosa ist zugleich Pension, Restaurant (→ S. 31), Bar, Supermarkt und im Sommer sogar Disko. Die Übernachtung ist nur in Verbindung mit Halbpension möglich – bereuen werden Sie es nicht! Zum Frühstück gibt es frisch gebackenes Brot und selbst gemachte Marmeladen. Ganzjährig geöffnet.
Via Rosa 24, Rocca dei Ciauli; Tel. 09 09 88 99 65, Fax 09 09 88 92 91; E-Mail: villalarosa@netnet.it; 12 Zimmer ★★ EURO VISA

Spaziergang/Wanderung

Die kurze Wanderung von Filicudi Porto zu dem bronzezeitlichen Dorf auf dem **Capo Graziano** ist ein Must, auch auf einem Tagesausflug! Am schönsten ist allerdings die Stimmung bei Sonnenuntergang, wenn bei Alicudi die rote Sonne im Meer versinkt. Der Weg bereitet keine Schwierigkeiten, und selbst in der Dämmerung kann man sicheren Fußes wieder zum Hafen absteigen.

Von der Mole folgt man der Straße und dann dem Strand bis zu einer Gruppe schwarzer Felsen am Fuße des Kaps. Nach weiteren 10 Minuten erreicht man auf einem schmalen Treppenpfad das Plateau mit den Grundmauern der Steinhütten. Vor der Besichtigung lohnt es sich, den Aufstieg bis auf die Spitze der 174 m hohen Montagnola fortzusetzen. An klaren Tagen sind von hier aus alle Inseln des Archipels zu sehen, außerdem genießt man den schönsten Blick auf Filicudi selbst.

Sehenswertes

Capo Graziano ■ F 11, S. 113

Filicudi war seit der Jungsteinzeit bewohnt, eine größere Ansiedlung entstand aber erst zu Beginn der Bronzezeit. Die ersten steinernen Rundhütten wurden am Meeresufer errichtet. Zwischen dem 19. und 18. Jahrhundert v. Chr. verlagerte sich die Ansiedlung in die strategisch geschützte Lage auf die angrenzende Höhe des Capo Graziano. Keramikfunde deuten darauf hin, dass Filicudi und der gesamte Archipel damals von einem Volk ägäischen Ursprungs besiedelt wurde, den Äoliern der Odyssee. Sie kontrollierten von den Inseln aus die Meerenge von Messina, eine der Hauptseehandelsrouten ihrer Zeit. Bis etwa 1430 v. Chr. dauerte ihre blühende Kultur an, dann wurden sie durch ein kriegerisches Volk aus Ostsizilien abgelöst. An der Punta Milazzese auf Panarea entstand damals die festungsartige Siedlung, die der folgenden Epoche den Namen gab (→ S. 48).

❶ MERIAN-Tipp

Grotta del Bue Marino Filicudis abwechslungsreiche Küste will vom Boot aus entdeckt werden. Im Westen ragt die Canna, ein erstarrter Vulkanschlot, 85 m aus dem Meer. Vom »Spazierstock der Äolen« fährt man durch einen natürlichen Felsbogen, die **Punta Perciato**, zu der wohl schönsten Grotte des Archipels. Die 50 m tiefe Grotta del Bue Marino kann es mit der weitaus bekannteren »Blauen Grotte« von Capri spielend aufnehmen. Bei Nachmittagssonne und ruhigem Meer glänzen die Grottenwände in allen Farben von Gelb über Blau und Grün, das Wasser erstrahlt in leuchtendem Türkis. Die letzte der Robben, hier auch als Meeresochsen bezeichnet, die der Grotte den Namen gaben, wurde Anfang des 20. Jahrhunderts erlegt. Vor allem während der Saison ist es nicht schwer, in Filicudi Porto oder Pecorini a Mare ein Ausflugsboot zu finden. Preise sind Verhandlungssache.

Essen und Trinken

Il Boschetto ■ E 11, S. 113

Nette Pizzeria im Ortsteil Rocca dei Ciauli. Man sitzt sehr angenehm im Schatten einiger Bäume.
Via Piano 8; Tel. 09 09 88 99 94;
tgl. mittags und abends ★ ▱

La Canna M M ■ E 11, S. 113

Das Restaurant des gleichnamigen Hotels (→ S. 29) wird zu Recht gerühmt. Pietro Anastasi pflegt in Val di Chiesa einen Weingarten, und von der Jagd bringt er manchmal ein Kaninchen mit. In der Küche regiert seine Frau Emma Merlino, deren Empfehlungen man blind folgen darf. Spätestens beim Genuss des **coniglio al agro dolce** (Kaninchen süßsauer) weiß man warum.
Via Rosa 43, Rocca dei Ciauli; tgl. mittags und abends ★★ EURO VISA

La Sirena M M ■ D 11, S. 113

Das Restaurant der gleichnamigen Pension (→ S. 29) lockt mit seiner herrlichen Terrasse am Strand von Pecorini a Mare. Spezialitäten des Hauses sind ein delikates Carpaccio vom Schwertfisch und die **salsiccia di tonno** (Tunfischwurst).
Via Pecorini Mare; Tel. 09 09 88 99 97;
tgl. mittags und abends ★★
AmEx DINERS EURO VISA

Saloon ■ D 11, S. 113

Nino Triolos Bar neben der Carabinieri-Station in Pecorini a Mare ist längst eine Institution und einer der Hauptumschlagsplätze für Inselklatsch. Der Saloon ist geöffnet, wenn Nino da ist. Sollte er mit Kartenspielen zu beschäftigt sein, holt man sich die Getränke einfach selbst aus der Kühltruhe.
Via Pecorini Mare

Villa La Rosa M M ■ E 11, S. 113

Das Restaurant der gleichnamigen Pension (→ S. 29) zählt zu den ersten kulinarischen Adressen auf den Inseln. Adelaide Rando pflegt die traditionelle Küche der »armen Leute«, viele der Zutaten im Frühjahr sind wild gesammelt. Die hohe Qualität der Speisen wird bis zu den Desserts durchgehalten.
Via Rosa 24, Rocca dei Ciauli; Tel. 09 09 88 99 65; ganzjährig geöffnet, tgl. mittags und abends ★★/★★★ EURO VISA

Service

Auskunft

Antonino Santamaria, der Agent der SIREMAR (s. u.), ist mit Auskünften gerne behilflich.

Fähren und Tragflügelboote

Schiffe legen auf der Ostseite der Insel in Filicudi Porto an, hier befinden sich auch die Fähragenturen. Fahrpläne sind angeschlagen bzw. liegen aus. Informationen bei:
SIREMAR
Tel. 09 09 88 99 60
SNAV
Tel. 09 09 88 99 84

Täglich mehrere Verbindungen aus Lipari über Salina und weiter nach Alicudi. Im Sommer mehrmals pro Woche Tragflügelboote der SNAV aus Cefalù und Palermo. Für Yachten wurde die Mole in Pecorini a Mare ausgebaut.

Fahrzeugverleih

Antonio Taranto vermietet in Pecorini a Mare Motorroller und Boote, Tel./Fax 09 09 88 90 77. Ein weiterer Fahrzeugverleih öffnet in den Sommermonaten direkt am Hafen.

Tauchen
→ S. 73

Kaum zu glauben, Lipari war einst eine Strafkolonie, auf die noch zur Zeit des Faschismus Regimegegner verbannt wurden. Nicht alle erlebten ihr Exil als echte Strafe.

Lipari

9500 Einwohner

Lipari mit der gleichnamigen Hauptstadt ist mit ihren 38 Quadratkilometern und 9500 Einwohnern die größte der Liparischen Inseln und gleichzeitig das Verwaltungszentrum des Archipels – ausgenommen Salina. Die Küstenlandschaft ist abwechslungsreich: Im Osten hat der Schwemmsand sanfte Strände gebildet, im Westen ist die Steilküste vielfach eingeschnitten, und aus dem Meer ragen bizarre Felsgebilde. Im Inneren der Insel liegen drei Hochebenen, die Landwirtschaft im großen Stil zulassen, **Pianoconte**, **Castellaro** und **Quattropani**, der Rest ist bergig und fordert den mühseligen Terrassenbau, der handtuchgroße Flächen schafft, wo eigentlich Steilhänge und Schluchten sind.

Lebhaft, ohne hektisch zu sein, ist die Insel der ideale Anlaufpunkt für Urlauber, die von allem etwas wollen. An abgeschiedenen Stränden mit glasklarem Wasser kann man das Dolce Vita genießen oder Ausflüge in die magische Welt unter Wasser unternehmen. Naturkundler begeistern sich an der bizarren geologischen Vielfalt, welche die mittlerweile erloschenen Vulkane geschaffen haben. Das auffälligste Phänomen ist der **Monte Pilato**, ein Gigant aus Bimsstein, den die Insulaner liebevoll ihren »Montblanc« nennen. Dicht daneben ist der Obsidianfluss, der sich von der **Forgia Vecchia** ins Meer ergossen hat. Auf verlassenen Maultierpfaden und der Ringstraße rund um die Insel lässt sich die behutsam gestaltete Kulturlandschaft auf eigene Faust erkunden (→ Routen und Touren, S. 78). Eindrucksvolle Baudenkmäler dokumentieren eine jahrtausendealte Siedlungsgeschichte, die bis in die Steinzeit zurückreicht. Vor 6000 Jahren brachten die ersten Einwanderer mit ihren zerbrechlichen Booten eine entwickelte Kultur mit.

Mehrfach entvölkert durch Raubzüge fremder Invasoren, wurde Lipari von wechselnden Herrscherhäusern beharrlich neu besiedelt, da sie die strategische Lage der Insel zu schätzen wussten. Von hier aus kontrollierte man die Straße von Messina und damit den ganzen Verkehr von der Ägäis ins nordwestliche Mittelmeer. Über Jahrhunderte hinweg befand sich auf Lipari das geistige und weltliche Zentrum des Archipels. Heute beherbergt Lipari ein buntes Völkergemisch. Die Liparoten sind stolz darauf, keine Sizilianer zu sein. Sicher nicht zufällig hat die Mafia hier nie Fuß fassen können.

Die hervorragende Anbindung an die kleineren Inseln macht Lipari zum idealen Ausgangspunkt für die Erkundung der gesamten äolischen Inselwelt. Im Sommer verkehren die Aliscafi im 30-Minuten-Takt – es sei denn, Wind und Seegang verhindern die Ausfahrt. Die Inseln sind schließlich berüchtigt für ihre Stürme.

Gesättigt von so viel Natur und Kultur, wünscht sich der Gast abends ein wenig Abwechslung. Nach einem Tag am Strand findet man in Lipari-Stadt und in den Dörfern der Insel gute Restaurants von einfach bis elegant, in denen die äolianische Küche serviert wird. Diskotheken unter freiem Himmel und stimmungsvolle Weinlokale sorgen für ein ausgefülltes Nachtleben. Auch das Angebot der Unterkünfte ist vielfältig: Vom Vier-Sterne-Hotel bis zum privaten Zimmer gibt es in jeder Preisklasse etwas, und wer Landluft schnuppern möchte, findet ein Bett in einem der Agriturismi.

In der Marina Corta auf Lipari liegen Fischer- und Ausflugsboote bereit zur Erkundung der Nachbarinseln (→ S. 40).

Acquacalda   ■ D 17, S. 117

Der Name des Dorfes – »warmes Wasser« – bezieht sich auf Thermalquellen im Meer, die heute jedoch nicht mehr sprudeln. Acquacalda liegt an der Nordküste im Schatten des **Monte Pilato**, und auch hier wurde früher der Bimsstein abgebaut und weiter verarbeitet. Davon zeugt noch die kleine Förderanlage, die den Stein an die in die Bucht einlaufenden Boote lieferte. Der schwarze grobe Kies und die massiven Wellenbrecher machen den Strand auf den ersten Blick nicht einladend, aber das Wasser ist hier am klarsten, und an heißen Tagen weiß man die Nordlage zu schätzen. Außerdem ist hier selbst in der Hochsaison nur wenig Trubel. Für die Linienbusse aus Lipari-Stadt ist hier Endstation.

Essen und Trinken

Da Lauro M M M
Ausgezeichnete Fischgerichte, die Antipasti sind ein Must und machen alleine schon (fast) satt. Der weiße Hauswein aus Lipari ist zu empfehlen. Von der Terrasse ein herrlicher Blick auf Salina. Um den letzten Bus zurück muss man sich nicht kümmern, gerne bringt einen der Wirt nach Hause.
Via Rocche; Tel. 09 09 82 10 26; Ostern–Okt. Mo geschl., mittags und abends ★★ EURO VISA

Canneto   ■ E 19-20, S. 117

Das Fischerdorf hat Hochbetrieb, seit die Touristen mit frischem Fang versorgt werden wollen. Am Ortseingang sieht man die Fischer, die ihre auf den grauen Sandstrand gezogenen Boote reparieren und die Netze flicken. Hier hat auch der letzte Bootsbauer der Insel, Alberto Indelicato, seine Werkstatt. An der Uferpromenade sind in den letzten Jahren

moderne Restaurants und Ferien-Appartements entstanden. Aber nicht nur der schmale Strand vor der Promenade lockt die Badegäste, wer die zehn Minuten Fußweg Richtung Norden nicht scheut, gelangt zur **Spiaggia della Papesca**. Sie liegt zu Füßen des Monte Pilato, unterhalb einer Halde von blendend weißem Bimsstein-Sand. Der bis vor wenigen Jahren ins Meer geschaffte Abraum hat den Meeresboden bis weit hinaus bedeckt, so dass das Meer türkis leuchtet.

Hotels/andere Unterkünfte

Baia Unci
Angenehmer, schattiger Campingplatz am südlichen Ortsrand. Gepflegte Sanitäranlagen, gute Einkaufsmöglichkeiten. März bis Oktober.
Via Marina Garibaldi; Tel. 09 09 81 19 09, Fax 09 09 81 17 51; ▭

Casajanca M M
Schmuckes Hotel nahe der Uferpromenade. Die komfortablen Zimmer umgeben einen hübschen Innenhof. Sivia Carbone ist eine aufmerksame Gastgeberin. Ganzjährig geöffnet.
Marina Garibaldi 109; Tel. 09 09 88 02 22, Fax 09 09 81 30 03; E-Mail: info@casajanca.it, Internet: www.casajanca.it; 10 Zimmer ★★/★★★★ AmEx DINERS EURO VISA

Essen und Trinken

Tano Bar M M M
Gaetano Agrip macht meisterhafte Granita, den kleinen Hunger kann man in der Rosticceria nebenan stillen.
Via Marina Garibaldi 107; Tel. 09 09 81 27 55

Service

Bus → S. 42

Fahrzeugverleih → S. 42

Oben: Lipari-Stadt wirkt manchmal
wie eine arabische Kasbah.

Mitte: Der Kreuzgang auf dem
Burgberg (→ S. 36, 38) stammt
aus normannischer Zeit, die
Säulen sind antik.

Unten: Obsidian und Bimsstein werden überall als Souvenir angeboten.
Am Strand oder unterwegs auf Wanderungen kann man die Vulkansteine
auch selber sammeln.

Lipari-Stadt ■ E 21, S. 119

5000 Einwohner
Ortsplan → Klappe hinten

Die ankommenden Schiffe legen im Schutze des Castello an, wie schon vor über 2700 Jahren der größte aller Reisenden, Odysseus. Für die Geologen ein riolithischer Lavadom, erhebt sich der **Burgberg** wie eine natürliche Festung über der hübschen Inselhauptstadt, die man schnell ins Herz geschlossen hat. Bereits in der Steinzeit besiedelt, bietet der Burgberg Geschichte in der schönsten und konzentriertesten Form. In der Antike die Akropolis der Griechen, erhielt das **Kastell** seine heutige Gestalt im 16. Jahrhundert unter den Spaniern. Erst im 18. Jahrhundert, als die Gefahr der Piratenüberfälle allmählich nachließ, begannen die Bewohner den Schutz der mächtigen Mauern zu verlassen und die Stadt in der Ebene zu errichten.

Alle wichtigen Sehenswürdigkeiten von Lipari-Stadt finden sich auf dem Burgberg versammelt, darunter auch das Archäologische Museum, das zu den bedeutendsten seiner Art zählt. Aus dem Nachbau eines antiken Theaters, am südlichen Ende des Akropolishügels, genießt man einen herrlichen Blick auf die Marina Corta. Die schmalen Gassen in der Unterstadt laden zum Schlendern und Verweilen ein, früher oder später aber führen alle Wege auf die Piazza Ugo S. Onofrio an der **Marina Corta**, dem eigentlichen Herz der Stadt.

Redlich erschöpft vom Pflastertreten, schaut man aus einem der Cafés lieber den anderen Spaziergängern zu, während man an einem Gläschen Malvasia nippt. Und abends, wenn die letzten Schiffe abgelegt, die Tagestouristen die Insel verlassen haben, breitet sich eine besondere Stimmung aus – und plötzlich ist man angekommen.

Augustus ■ c 1

Besonders zu empfehlen sind die Zimmer auf den schönen, ruhigen Innenhof. Hübsche Sonnenterrasse, kein Restaurant. Nähe Porto Sottomonastero. März bis Oktober.
Via Ausonia 16; Tel. 09 09 81 12 32, Fax 09 09 81 22 33; E-Mail:info@ villaaugustus.com, Internet: www. villaaugustus.com, 34 Zimmer
★★/★★★★ AmEx DINERS EURO VISA

Brown, Diana 👥 ■ c 5

Freundliche Privatzimmer in ruhiger Altstadtgasse, alle mit Bad und Heizung, einige mit Balkon. Ganzjährig geöffnet.
Vico Himera 3; Tel./Fax 09 09 81 25 84; E-Mail: dbrown@netnet.it; 7 Zimmer
★/★★ ▱

Enzo il Negro ■ d 5

Gepflegte Etagenpension mit herrlicher Dachterrasse bei der Marina Corta. Ganzjährig geöffnet.
Via Garibaldi 29; Tel. 09 09 81 31 63, Fax 09 09 81 24 73, enzoilnegro@libero.it, www.enzoilnegro.3000.it; 8 Zimmer ★★
AmEx DINERS EURO VISA

Giardino sul Mare südlich ■ d 6

Gemütliches Drei-Sterne-Hotel mit schönem Garten und Pool über den Klippen, Felsstufen führen zum Meer hinab. Einfaches Frühstück, gute Küche. Wenige Gehminuten von der Marina Corta. April bis Oktober.
Via Maddalena 65; Tel. 09 09 81 10 04, Fax 09 09 88 01 50; E-Mail: giardino@netnet.it, 46 Zimmer ★★/★★★★ ★ AmEx DINERS EURO VISA

La Nassa Vacanze 👥 ■ d 6

Bartolo Matarazzos schöne Ferienhäuser liegen über die ganze Insel verstreut, einige befinden sich in der Via Maddalena, wenige Schritte von seinem Lokal und der Marina Corta entfernt. Bartolo ist ausgesprochen

hilfsbereit, für seine Gäste organisiert er z. B. Bootsausflüge mit Fischern. Im Juli und August Vermietung nur wochenweise, auf Anfrage ganzjährig geöffnet.
Via G. Franza 36 c/o Ristorante La Nassa; Tel. 09 09 81 13 19, Fax 09 09 81 22 57; E-Mail: info@lanassavacanze.it, Internet: www.lanassavacanze.it; 14 Häuser
★★ / ★★★ [AmEx] [DINERS] [EURO] [VISA]

Neri　　■ b 4

Freundliche Pension in einer Jugendstilvilla, teilweise noch mit originaler Einrichtung. Geräumige Zimmer. April bis November.

Via G. Marconi 43; Tel. 09 09 81 14 13, Fax 09 09 81 36 42; htlneri@netnet.it, www.pensioneneri.it; 9 Zimmer
★★ / ★★★★ [AmEx] [DINERS] [EURO] [VISA]

Villa Diana [M]　　■ a 4

Gepflegte, ruhige Pension im Inselstil. Am Hang oberhalb des Hotels Gattopardo gelegen. Große Terrasse mit eindrucksvollem Blick auf die Stadt, den Burgberg und das Meer. Bestes Preis-Leistungs-Verhältnis. April bis Oktober.

Via Tufo 1; Tel./Fax 09 09 81 14 03; E-Mail: villadiana@netnet.it; 12 Zimmer
★★ / ★★★★ [AmEx] [DINERS] [EURO] [VISA]

Festung Lipari

N

Direzione, Uffici

S. Caterina

Area Archeologica

Chiesa dell' Addolorata

Via Castello

🏛 1

Chiesa dell' Immacolata

Via del Concordato

Cattedrale di S. Bartolomeo

Chiostro Normanno

🏛 4

🏛 6

🏛 2　🏛 3

🏛 5

Biblioteca

Parco Archeologico (Acropoli)

Madonna delle Grazie

Teatro all' aperto

🏛 7

Museo Archeologico Regionale Eoliano „Luigi Bernabò Brea":

1 Klassische Abteilung
2 Prähistorische Abteilung
3 Epigraphische Abteilung
4 Abteilung der „Isole minori"
5 Vulkanologische Abteilung
6 Paläontologie des Quartärs
7 Terrakotta-Ausstellung

© MERIAN-Kartographie

Villa Meligunis M M ◾ d 6

Liparis erste Adresse. Elegantes Hotel in einer Villa des 18. Jahrhunderts, wenige Schritte von der Marina Corta. Ausgezeichnetes Restaurant mit toller Dachterrasse. Shuttle-Bus zum Hotelstrand in Canneto. Ganzjährig geöffnet.

Via Marte 7; Tel. 09 09 81 24 26, Fax 09 09 88 01 49; E-Mail: villameligunis@netnet.it, Internet: www.villameligunis.it; 32 Zimmer ★★/★ ★ ★ ★ ★ AmEx DINERS EURO VISA

Spaziergang

Am schönsten ist ein Spaziergang am Abend, wenn die zahlreichen Tagesbesucher längst wieder abgefahren sind. An der kleinen Bucht mit der Anlegestelle der Tragflügelboote liegt die Piazza Sant'Onofrio mit ihren Bars, Cafés und Andenkenläden. Das Kirchlein auf der Mole, Anime del Purgatorio, wird effektvoll angestrahlt. Jetzt sind Touristen und Einheimische unterwegs, um die laue Nacht zu genießen. Man flaniert, um zu sehen und gesehen zu werden, trifft Bekannte, erledigt kleine Einkäufe. Wir lassen uns mit treiben, die Via Garibaldi hinauf in Richtung Norden. In sanftem Bogen fängt die Straße an den Burgberg zu umrunden. Rechts öffnet sich eine große Freitreppe, die zur Kathedrale hoch führt. Wendet man sich oben angekommen um, liegt einem die ganze Stadt zu Füßen. Nach Norden verlässt ein anderer Weg den Burgberg, durch ein Bogenfenster sieht man die Lichter der Marina Lunga. Mit der Via XXIV Maggio stoßen wir auf den Corso Vittorio Emanuele, die Hauptschlagader der Stadt. Langsam schlendern wir nach Süden, unterwegs vielleicht ein Halt auf ein Eis in der Pasticceria Subba. Am Südende des Corso biegen wir rechts in die Via Roma und landen bald wieder an der Marina Corta.

Sehenswertes

Chiostro Normanno ◾ e 4

Der normannische Kreuzgang auf dem Burgberg ist durch die Kathedrale zu betreten. Er stammt aus dem 11. Jahrhundert, als Graf Roger I. die von ihm gerufenen Benediktinermönche standesgemäß unterbringen ließ. Beachten Sie die Säulen: Sie sind »geborgt« von einem dorischen Tempel, der vorher hier stand.

Museen

Museo Archeologico Regionale Eoliano »Luigi Bernabò Brea«
♀♀ ◾ e 3-4

Als im Jahr 1943 der Archäologieprofessor Brea als Superintendent der Antikenverwaltung Ostsiziliens nach Lipari kam, war er fest davon überzeugt, das Zeugnisse einer grandiosen Vergangenheit zu finden. Richtig loslegen konnte Brea allerdings erst nach dem Krieg, als die Insel nicht länger ein Verbannungsort war und sein Grabungstrupp freien Zugang zu allen Orten hatte. Die Grabungen gehen heute noch weiter, längst sind nicht alle Schätze der griechischen Nekropolis in der Contrada Diana, dem westlichen Vorort von Lipari-Stadt, ans Licht gekommen.

Das modern und übersichtlich gestaltete Museum ist so klug aufgebaut, dass sich die Exponate quasi selbst erklären. Es umfasst mehrere Gebäude, die chronologisch nach Vor- und Frühgeschichte und klassischer Zeit eingeteilt sind. In diesen wiederum folgt die Gliederung Schicht für Schicht den verschiedenen Kulturen, deren Reste sich übereinander abgelagert haben. Die Exponate sind häufig so aufgestellt, wie sie ausgegraben wurden. So werden die Besucher quasi selber zu Archäologen. Sie können vergleichen, wie zur selben Zeit in Lipari, Panarea und auf Sizilien Keramik hergestellt

wurde und wie die Stücke bald kaum merklich, bald sehr eindeutig verschiedene kulturelle Einflüsse zeigen. Spannend ist auch die Abteilung der Unterwasserarchäologie mit den Schätzen, die samt den Schiffen auf Grund gegangen sind. Man vermeint förmlich, im Laderaum der antiken Frachter zu stehen. Künstlerische Höhepunkte sind die eleganten griechischen und bunt bemalten liparischen Vasen und die expressiven Miniaturmasken und Tonfiguren aus der Welt des griechischen Theaters, die so effektvoll ausgeleuchtet sind, dass sich im nächsten Augenblick der Vorhang zu heben scheint.
Via Castello; Tel. 09 09 88 05 94; Internet: web.tin.it/museolipari.it/Welcome.htm; tgl. 9–13 und 15–19 Uhr; Eintritt 4,50 €

Essen und Trinken

E Pulera M ▪ b 5
Elegantes Feinschmeckerlokal in schönem Garten westlich der Altstadt. Äolianische Genüsse in Vollendung, daher häufig gut besucht. Unbedingt reservieren.
Via Diana 51; Tel. 09 09 81 11 58; Mai–Okt. tgl. abends ★★★ AmEx DINERS EURO VISA

Filippino ▪ d 2
→ MERIAN-Tipp, S. 18

Gilberto e Vera M ▪ d 5
Lust auf Picknick? Zwei Schritte von der Marina Corta gibt es die besten Pannini-Kreationen und eine Wanderkarte von Lipari gratis dazu.
Via Garibaldi 22/24; Tel. 09 09 81 27 56; tgl. 9–22 Uhr, im Sommer länger

Il Gabbiano ▪ d 5
Die Bar und Rosticceria ist der Treffpunkt an der Marina Corta: morgens zur Granita, mittags zum Imbiss und abends auf ein Glas Malvasia.
Piazza Ugo S. Onofrio 4; Tel. 09 09 81 14 71; Feb.–Nov. tgl. von früh bis spät ★
AmEx DINERS EURO VISA

Kasbah Cafè ▪ d 4
Cocktailbar und Restaurant mit orientalischem Flair und guter äolianischer Küche und Holzofenpizza. Lauschiger Innenhof in der Altstadt.
Via Maurolico 25; Tel. 09 09 81 10 75; April–Okt. Mo geschl., nur abends ★★
DINERS EURO VISA

La Nassa M M M ▪ d 6
Stilvolles Lokal mit pergolagedeckter Dachterrasse. Bartolo Matarazzo sorgt für optimalen Service, seine Mamma Teresa für das leibliche Wohl der Gäste. Der Fisch ist frisch und wird kunstvoll zubereitet. Bartolo vermietet auch einige schöne Ferienhäuser (→ S. 36).
Via G. Franza 36; Tel. 09 09 81 13 19; April–Okt. abends, im Sommer auch mittags ★★★/★★★★★ AmEx DINERS EURO VISA

La Piazzetta M ▪ d 3
Zwei Lokale in einem, mit Tischen im Freien auf der charmanten Piazza: ein Edelrestaurant mit großer Weinliste und eine gute Pizzeria.
Piazza Luigi Salvatore d'Austria; Tel. 09 09 81 25 22; Jan. und Di geschl., abends ★★/★★★★ AmEx DINERS EURO VISA

Nenzyna ▪ d 6
Inbegriff einer Familientrattoria. Gute Nudelgerichte, leckerer Fisch.
Via Roma 4; Tel. 09 09 81 16 60; Mitte März–Mitte Dez. tgl. mittags und abends ★ ▱

Oscar ▪ c 4
Die frutta martorana – täuschend echt aus Marzipan geformte Früchte – schmeckt köstlich.
Corso V. Emanuele 74; Tel. 09 09 81 20 47

Pescecane ▪ c 1
Gute pizze, junges Publikum und lange Öffnungszeiten.
Corso V. Emanuele 223; Tel. 09 09 81 27 06; Do geschl., mittags und abends ★★
AmEx DINERS EURO VISA

Rusticcheria Vecchia Lipari ▪ c 5
Ein paar schlichte Holztische, eine
Pergola im Hinterhof und ein paar
schmackhafte Gerichte für wenig
Geld. Wein, Malvasia und eingelegte
Kapern gibt es auch zum Mitnehmen.
Corso V. Emanuele 43; Tel. 09 09 81 25 21;
im Sommer tgl. von früh bis spät,
im Winter So geschl. ★ ▭

Subba ▪ c 3
Ausgezeichnetes traditionelles Ge-
bäck.
Corso V. Emanuele 92; Tel. 09 09 81 13 52

Einkaufen

Fratelli Spada ▪ c 3
Die Brüder Spada haben sich auf
die Reproduktion antiker Terrakotta-
figuren aus dem Archäologischen
Museum spezialisiert.
Corso V. Emanuele 199

Upim ▪ c 2
Gut sortierter Supermarkt.
Corso V. Emanuele 212

Am Abend

Die In-Disko **Turmalin** am Castello
hat im Hochsommer täglich geöffnet.
Ansonsten ist Nachtleben hier sym-
pathisch entspannt und konzentriert
sich an der Marina Corta. Ein belieb-
tes Plätzchen ist die **Chitarra Bar**.
Nicola Merlo und seine Freunde grei-
fen fast jeden Abend zur Gitarre.
Abgeschwächt hört man die Klänge
auch noch im **Gabbiano**. Im nahen
Kasbah Cafè wird manchmal bis spät
nachts gejazzt.

Service

Auskunft
**Azienda Autonoma di Soggiorno e
Turismo (AAST)** ▪ c 2
Zentrales Fremdenverkehrsamt der
Liparischen Inseln. Das nützliche
Adressen- und Unterkunftsverzeich-
nis **Isole Eolie, Ospitalità in blu** wird
jährlich neu aufgelegt und ist auch
im Internet abrufbar. Auf schriftliche
Anfrage verschickt die AAST Informa-
tionsmaterial per Post. Mimmo Ziino,
einer der freundlichen Angestellten,
spricht ausgezeichnet Deutsch!
Corso Vittorio Emanuele 202, 98055 Lipari;
Tel. 09 09 88 00 95, Fax 09 09 81 11 90;
E-Mail: aasteolie@netnet.it;
Internet: www.netnet.it/aasteolie

Centro Servizi al Turismo (CST) ▪ d 4
Touristischer Informationsdienst der
Liparischen Inseln.
Via Maurolico 17, 98055 Lipari;
Tel. 09 09 81 35 42, Fax 09 09 81 35 46;
Internet: www.isoleturismo.it,
www.welcometoeolie.com

Centro Studi Eoliani ▪ d 4
Das engagierte Kultur- und For-
schungsinstitut besteht seit 1981
und ist aus dem Kulturleben der
Inseln nicht mehr fortzudenken.
Via Maurolico 15, 98055 Lipari;
Tel. 09 09 81 29 87, Fax 09 09 81 27 39;
Internet: www.centrostudieolie.it

Bootstouren
Von der Marina Corta aus werden in
der Saison zahlreiche Bootsausflüge
angeboten, um die abwechslungs-
reichen Küsten vom Meer aus zu entdecken. Absolut lohnend ist die Tour
nach Vulcano, vorbei an den Faraglioni. Unterwegs werden auf Wunsch
auch Badepausen eingelegt. Vor
der Tour lohnt nicht nur der Preisver-
gleich, sondern auch ein Blick auf
den schwimmenden Untersatz. Die
größeren Ausflugsschiffe steuern alle
Inseln des Archipels an, so werden
z. B. Nachtfahrten nach Stromboli angeboten. Diana Brown und ihr Mann
Salvatore Villini sind sehr zuverläs-
sig. Ihre Schiffe Principessa, Regina
dei Mari und Viking sind seesicher
und haben erfahrene Mannschaften
an Bord. Info-Kiosk an der Marina
Corta, Tel. 09 09 81 25 84.

Oben: San Bartolo ist der Schutzpatron von Lipari. Jeder zweite
männliche Einwohner trägt
seinen Namen, und auch Frauen
heißen hier häufig Bartolina.

Mitte: Die Marina Corta ist der
schönste Treffpunkt in Lipari-Stadt
(→ S. 36).

Unten: Die Spiaggia della
Papesca bei Canneto ist verführerisch (→ S. 75).

Busverbindungen ■ c 1

Alle Inselorte lassen sich preiswert
mit öffentlichen Bussen erreichen,
die allerdings nur von Anfang Juli
bis Ende September um die gesamte
Insel fahren. Ansonsten enden die
Fahrten in Acquacalda bzw. Quattropani, dann geht es zurück nach Lipari-Stadt (→ Routen und Touren,
S. 78). In Lipari-Stadt halten die Busse am nördlichen Ende des Corso V.
Emanuele vor der ESSO-Station,
Fahrpläne auch bei der AAST. **Urso**,
Via Cappucini 29, Tel. 09 09 81 12 62,
09 09 81 10 26.

Fähren und Tragflügelboote

Fähren legen im Porto Sottomonaste-
ro an, die Schiffsagenturen befinden
sich an der Mole.
SIREMAR Tel. 09 09 81 13 12
NGI Tel. 09 09 81 19 55.
Tragflügelboote liegen an der Marina
Corta, die Schiffsagenturen liegen
ebenfalls direkt an der Mole.
SIREMAR Tel. 09 09 81 22 00
SNAV Tel. 09 09 81 24 48
Die AAST hält eine gute Übersicht der
Fährverbindungen bereit.

Fahrzeugverleih

Der größte Anbieter, Roberto Foti,
hat drei Filialen:
– Lipari-Stadt, Via Roma 47,
  Tel. 09 09 81 14 11)
– Lipari-Stadt, Marina Lunga,
  Tel. 09 09 81 23 52
– Canneto, Marina Garibaldi, Tel.
  09 09 88 08 25). Mountainbikes 8 €/Tag,
  Scooter 15 €/Tag. Ganzjährig geöffnet.

Taxi ■ d 5

Ein teures Vergnügen. Glücklicherweise übernehmen viele Hotels für
ihre Gäste den Gepäcktransport zum
Hafen. Franco Corrieri, fast immer
an der Marina Corta zu finden, bietet
Taxidienste an und vermietet Limou-
sinen und Minibusse.
Megaservice, Tel. 09 09 88 00 89,
Mobile 3 30 36 95 16.

Pianoconte ■ C 20, S. 116

Der Name erinnert an den normanni-
schen Grafen (**conte**) Roger I., der
Lipari im 11. Jahrhundert neu besie-
deln ließ, nachdem die Insel auf-
grund zahlreicher Piratenüberfälle
und nach einem Vulkanausbruch,
bei dem sich der Krater des Monte
Pilato gebildet hatte, fast menschen-
leer geblieben war. Graf Roger legte
die Neubesiedlung in die bewährten
Hände der Benediktiner, die seit
jeher landwirtschaftliche Experten
waren. Zur Erinnerung an seine Un-
terstützung wurde das neu gegrün-
dete Dorf im Westen der Insel nach
ihm benannt. Heute noch wird die
Hochebene landwirtschaftlich be-
wirtschaftet. Hier befinden sich auch
schmucke Bauernhöfe, die Ferien
auf dem Land anbieten.

Hotels/andere Unterkünfte

Casa Gialla 🛉🛉

Hübsch restauriertes, typisch äolianische Haus am nördlichen Ortsrand.
Ein idealer Ausgangspunkt für Wanderungen, Bartolino Lauricella gibt
wertvolle Tipps. Auf Wunsch wird für
die Gäste abends gekocht. Ostern bis
Oktober.
Via Varesana di Sopra 4; Tel. 09 09 81 27 63;
E-Mail: casagialla@tiscalinet.it, Internet:
www.casagialla.it; 8 Zimmer ★ ★ ▱

U Zu Peppino 🛉🛉

Der äolianische Bauernhof von Rosa-
ria und Silvio Casamento liegt in erhöhter Lage am nördlichen Ortsrand.
Von den schönen Terrassen genießt
man einen Blick, der bis Sizilien
reicht. Am Abend öffnet das Restaurant auch für Gäste von auswärts.
Anfang März bis Ende Oktober.
Via Quattropani 21; Tel./Fax 09 09 82 23 30,
Tel. 09 09 82 23 91; E-Mail: rosariacas@
catamail.com; 5 Zimmer, 2 Appartements
★ ★ AmEx DINERS EURO VISA

Sehenswertes

Terme di San Calogero
■ B 20, S. 116

Zwei Kilometer westlich von Pianoconte liegen die Thermen von San Calogero. Der Überlieferung nach soll der Heilige San Calogero die heilkräftigen Quellen zu Tage gefördert haben. Tatsächlich handelt es sich um ein Dampfbad aus der Bronzezeit, zu dem man vom Vorhof aus Zutritt hat. Keramikfunde in unmittelbarer Nachbarschaft haben die Datierung ermöglicht. Die Kurgäste vor über 3500 Jahren saßen im Schutz einer Kuppel im Stil mykenischer Gräber auf steinernen Bänken. Rings um die Wand fließt noch heute das über 50 °C heiße Wasser, in dessen Dampf man schwitzte. Bis in die griechische und römische Antike herrschte hier ein lebhafter Kurbetrieb. Schmuck renoviert, aber immer noch geschlossen ist das klassizistische Kurzentrum, das Mitte des 19. Jahrhunderts errichtet wurde.

Essen und Trinken

Le Macine M
Tina Villanti und Giovanni Cipichia halten die Tradition der bäuerlichen Küche hoch, ohne dabei auf die eigene Kreativität zu verzichten. Der Wein ist selbst gekeltert, und viele Zutaten stammen aus dem eigenen Garten. Für die **dolci** sollte man noch Platz lassen!
Via Stradale 9; Tel. 09 09 82 23 87; Di geschl., mittags und abends ★★/ ★★★ AmEx DINERS EURO VISA

Quattropani
■ B 18, S. 116

In der ländlichen Idylle des weit verstreuten Dorfs erhebt sich auf einer Anhöhe die schlichte kleine Wallfahrtskirche **Chiesa Vecchia** aus dem 17. Jahrhundert. Von dem Kirchenplatz aus genießt man einen herrlichen Blick auf alle Inseln des Archipels mit Ausnahme von Vulcano. In Quattropani kann man beschaulich übernachten und hervorragende Inselküche genießen.

Hotels/andere Unterkünfte

Tivoli 👥
Der Agriturismo von Maria Cannistra liegt am nördlichen Ortsende, auf Höhe der letzten Bushaltestelle. Erholungsuchende können hier in das Landleben eintauchen. Bei schönem Wetter wird auf der herrlichen Panoramaterrasse serviert. Ganzjährig geöffnet.
Via Quartara 17; Tel./Fax 09 09 88 60 31, Mobile 33 92 63 08 76; E-Mail: agriturismotivoli@catamail.com; 5 Zimmer, 6 Appartements ★★ ▭

Essen und Trinken

A Menza Quartara M
Ländliches Lokal, von der Terrasse genießt man einen schönen Blick aufs Meer. Nunzia Natoli kocht für ihre Gäste wie eine **mamma**. In kleiner Gesellschaft sollten Sie unbedingt das **coniglio in agrodolce** (Kaninchen süß-sauer) kosten – einen Tag vorher bestellen!
Via Area Morta 50; Tel. 09 09 88 62 36; Di geschl., mittags und abends, im Winterhalbjahr nur mittags (evtl. vorher anrufen) ★★ AmEx DINERS EURO VISA

Sangre Rojo
Von Lipari kommend, zweigt am Ortsanfang eine Staubstraße rechts in Richtung Monte Chirica ab. Nach etwa 1 km stößt man auf Nunzia Cincottas Lokal. Bei herrlicher Aussicht genießt man auf der großen Aussichtsterrasse köstliche Gemüse-Antipasti und frischen gegrillten Fisch. Sicherheitshalber vorher anrufen.
Via Sangue Rossa, Mobile 33 82 90 95 24; April–Okt., tgl. mittags und abends ★★/★★★ ▭

Die kleinste und hübscheste

Insel ist im Sommer ein Refugium der VIP's. Kenner besuchen sie im Frühjahr und Herbst, Feinschmecker kommen sogar im Winter.

Panarea ■ A 8-C 6, S. 110

320 Einwohner

Panarea misst gerade 3,4 Quadratkilometer, doch zusammen mit den noch kleineren Felseninseln **Dàttilo**, **Lisca Nera**, **Lisca Bianca** und **Basiluzzo** bildet sie einen eigenen Archipel im Archipel. An der sanft geneigten Ostküste gehen die kleinen Inseldörfer **Drauto**, **S. Pietro** und **Ditella** nahtlos ineinander über. Stille Gassen – still, solange nicht gerade eine der dreirädrigen Ape vorbeiknattert, die einzigen motorisierten Fahrzeuge auf der Insel, die hier den Transport von Baumaterial, Nahrungsmitteln, Gästen und ihrem Gepäck besorgen – laden zum Schlendern ein. In allen Farben ergießen sich Bougainvilleen über die Mauern, zwischen denen sich immer wieder herrliche Blicke auf die rauchende Silhouette des Stromboli öffnen.

Noch im 16. Jahrhundert das Piratennest des gefürchteten Korsaren Dragut, wurde Panarea in den 1960er Jahren von Künstlern und Lebenskünstlern aus dem Norden Italiens entdeckt. Man kann es ihnen kaum verdenken, dass sie sich hier ein festes Refugium eingerichtet haben. Die typisch äolianischen Inselhäuser sind fast ausnahmslos geschmackvoll hergerichtet, und in den gepflegten Gärten wachsen Hibiskusbüsche, Geranien und tropische Pflanzen neben alten knorrigen Olivenbäumen.

Seit Jahren finden sich auf Panarea mit schöner Regelmäßigkeit von Mitte Juli bis Mitte September die Schönen und die Reichen ein. In den Buchten ankern ihre schnittigen Yachten, die Auslagen der Boutiquen erreichen auch im Preis Weltstadtniveau, und die noblen Restaurants, Hotels und Diskotheken verwandeln sich in ein lebendes »Who's who« der italienischen Society. Eine der amüsantesten Szenen in Nanni Morettis Film »Caro Diario« (»Liebes Tagebuch«) zeigt, wie der Held und sein Freund Gerardo, die eigentlich nichts als Ruhe auf den Inseln suchen, auf dem Absatz kehrtmachen und noch mit dem selben Aliscafo, das sie hierher gebracht hat, entsetzt von Panarea flüchten. Doch nicht jeder der Einwohner Panareas hat Moretti diesen satirischen Seitenhieb verziehen. Man muss eben vorher wissen, was man sucht … Das Jahr hat schließlich zwölf Monate, und es bleibt genügend Zeit, die Insel auch ganz anders zu erleben. Dabei spart man nebenbei auch viel Geld. Also lassen Sie sich nicht abschrecken, die VIP's reisen nach einigen Wochen wieder ab. Dann ist Panarea ein durchaus erschwingliches Traumziel!

Im Herbst, wenn die Hitze abgeklungen ist, in den Lebensmittelläden die letzten Champagnerflaschen verstauben, oder im Frühjahr, wenn alles blüht, laden die alten Wirtschaftswege zu herrlichen Wanderungen ein. Der 421 m hohe Inselgipfel **Punta del Corvo** lässt sich problemlos auch mit Kindern erklimmen, lediglich der Abstieg zur Punta Milazzese erfordert etwas Umsicht. Auch eine Bootsrundfahrt zu den umliegenden Inselchen wird in unvergesslicher Erinnerung bleiben. Die klaren Gewässer vor Panarea sind auch bei Tauchern sehr beliebt. Zusammen mit dem Capo Graziano auf Filicudi gehört die bronzezeitliche Siedlung auf der **Punta Milazzese** zweifelsohne zu den landschaftlich schönsten archäologischen Stätten im Süden Italiens. Zurück in die Gegenwart lockt ein Bad im kristallklaren Meer in der **Cala Junco**. Panarea nur auf einem Tagesausflug besuchen zu wollen wäre wirklich schade!

Wer möchte sich hier nicht gerne niederlassen – Reste der bronzezeitlichen Siedlung an der Punta Milazzese auf Panarea (→ S. 48).

Hotels/andere Unterkünfte

Lisca Bianca

Einladender Familienbetrieb am Hafen mit wunderschönen Aussichtsterrassen. Beliebte Frühstücksbar, auch bei Nachtschwärmern, die hier fast zu jeder Stunde frisch gebackene **cornetti** (Hörnchen) bekommen. Ostern bis Oktober.
Via Lani 1, San Pietro; Tel. 0 90 98 30 04, Fax 0 90 98 32 91; E-Mail: liscabianca@liscabianca.it, Internet: www.liscabianca.it; 25 Zimmer ★★/★★★★
AmEx DINERS EURO VISA

Quartara

Kleines, im Jahr 2001 eröffnetes Edelhotel in erhöhter Lage über dem Hafen S. Pietro. Ruhige, komfortabel und geschmackvoll eingerichtete Zimmer. Mitte März bis Anfang November.
Via S. Pietro 15; Tel. 0 90 98 30 27, Fax 0 90 98 36 21; E-Mail: info@hotelquartara.com, Internet: www.hotelquartara.com; 13 Zimmer ★★★/★★★★★ AmEx DINERS EURO VISA

Raya M M M

Der »Rochen« ist zweifellos eines der schönsten Hotels auf den Inseln, aber auch eines der teuersten. Im Sommer überschreiten die Zimmerpreise die 400-€-Marke! Dafür ist das Raya einer jener magischen Orte, an denen sich im Sommer die Reichen und Schönen versammeln. Die Anlage gliedert sich in zwei Bereiche: Am Meer liegen in Hafennähe die Rezeption, das Restaurant, die Bar, Boutiquen und die Diskothek; am Hang erhebt sich eine pastellfarbene Häuserpyramide im Inselstil. Alle Zimmer genießen von hier den Blick auf das Meer und den Stromboli. April bis Oktober.
Via San Pietro; Tel./Fax 0 90 98 30 13; E-Mail: informations@hotelraya.it, Internet: www.hotelraya.it; 30 Zimmer ★★★★ AmEx DINERS EURO VISA

Rodà

Einfache Zimmer in einer Familienpension mit Trattoria (→ S. 49) in Hafennähe. Ostern bis Oktober.
Via San Pietro; Tel./Fax 0 90 98 30 06; 14 Zimmer ★★ AmEx DINERS EURO VISA

Tesoriero

Freundliche Zimmer mit schönen Terrassen bzw. Balkonen über dem Hafen. Da die Wirtsfamilie die lokale SIREMAR-Agentur betreibt, öffnet sie die Pension auf Anfrage auch in den Wintermonaten. Ostern bis Oktober.
Via S. Pietro; Tel. 0 90 98 30 98 (im Winter: Tel. 0 90 98 31 44), Fax 0 90 98 30 07; E-Mail: info@hoteltesoriero.it, Internet: www.hoteltesoriero.it; 12 Zimmer ★/★★★★ AmEx DINERS EURO VISA

Spaziergang/Wanderung

Aus dem hübschen Hafenort **S. Pietro** zieht sich die schmale Hauptstraße die besiedelte Ostküste entlang. Im Norden schließt sich der Ortsteil **Ditella** an. Ein Weg führt zu der von Fumarolen erwärmten Bucht von **Calcara** hinab: Hier kann man schwimmen mit Traumblick auf Stromboli! Ein absolut lohnender Spaziergang führt in weniger als einer Stunde durch den südlichen Ortsteil **Drauto**, in dessen Name die Erinnerung an den Piraten Dragut fortlebt, über den Sandstrand der **Caletta dei Zimmari** bis zu der Halbinsel Punta Milazzese mit den Resten einer bronzezeitlichen Siedlung. Zu Füßen der **Punta Milazzese** öffnet sich die Cala Junco, eine der zauberhaftesten Buchten der Liparen. Das Wasser ist kristallklar, und gerne nimmt man in Kauf, dass der Strand nicht sandig ist, sondern von großen, kugelrund geschliffenen Vulkansteinen gebildet wird.

Glücklich, wer bei einem Besuch von Panarea die Wanderschuhe im Gepäck hat. Die alten Wirtschaftswege sind vorbildlich gepflegt und markiert. Eine lohnende Rundwanderung

Oben: Äolianische Architektur –
Ästhetik bis ins Detail.

Mitte: Über Mauern und Zitronen-
gärten hinweg ist der rauchende
Stromboli zu sehen.

Unten: Der traditionelle Fischfang
behält auch im Zeitalter des
Tourismus seine Bedeutung.

berührt den mit 421 m höchsten Inselgipfel **Punta del Corvo**. Von hier oben genießt man nicht nur herrliche Ausblicke, sondern blickt auf die senkrecht abfallenden Felswände an der Westküste hinab. Seit Jahrzehnten ist die Insel nicht mehr von Bränden heimgesucht worden, die Vegetation präsentiert sich entsprechend intakt. Ein Heft mit Wanderempfehlungen und einer Karte erhält man bei Pina Mandarano, der rührigen Wirtin des gleichnamigen Lokals. Im Ort weisen Keramiktafeln mit Richtungs- und Zeitangaben den rechten Weg.

Sehenswertes

Basiluzzo ■ E 5, S. 111

Luxus hat auf Panarea Tradition. Die Archäologen fanden auf Basiluzzo, einer der vorgelagerten Inseln, Reste einer komfortablen römischen Villa mit großzügig angelegtem Thermalbad. Aus S. Pietro werden häufig Inselrundfahrten mit Fischerbooten angeboten, bei denen auch ein Stop auf Basiluzzo eingelegt werden kann.

Punta Milazzese ■ B 8, S. 110

Wie eine Sichel greift im Südosten Panareas die Punta Milazzese ins Meer. Von weitem lassen sich

4 die Grundmauern der mehr als 20 Rundhütten aus der späten Bronzezeit erkennen, die auf dem Plateau ausgegraben worden sind. Einen einzigen schmalen Zugang gibt es vom Land, zu allen Seiten fallen die Felswände senkrecht zum Meer hin ab. Kriegerische Einwanderer aus Ostsizilien gründeten gegen 1430 v. Chr. diese und weitere Siedlungen auf den Inseln und lösten die Äolier in ihrer Herrschaft ab. Da die Zeiten unruhig waren, wurden die neuen Siedlungen festungsartig angelegt. Und tatsächlich: Nach nur 150 Jahren fand die Kultur des Milazzese ein jähes Ende; alle Siedlungen dieser

Epoche weisen Spuren einer plötzlichen Zerstörung auf. In diese Zeit fällt die Eroberung der Inseln durch den italischen Stamm der Ausonier. Die Legende erinnert an ihren König Liparos, dessen Name auf der Hauptinsel weiterlebt. In den Hütten auf der Punta Milazzese konnten die Archäologen überall Spuren von Hausrat finden – gerade so, als ob der Bevölkerung keine Zeit zur Flucht mehr geblieben wäre. Mahlsteine, Mörser, Geschirr sind heute in den Vitrinen des Archäologischen Museums in Lipari ausgestellt (→ S. 38).

Auf der Punta Milazzese ist längst Friede eingekehrt, und gerne überlässt man sich der zeitlosen Schönheit des Ortes, während das klare Wasser in der Cala Junco zu einem erfrischenden Bad lockt.

⚠ MERIAN-Tipp

Da Pina: Panarea con gusto Pina Mandarano kocht nicht nur exzellent (→ S. 49), für ihre Gäste hält sie auch einige ausgewählt schöne Zimmer in liebevoll restaurierten äolianischen Häusern bereit. Alle haben eine großzügige Sonnenterrasse, die meisten mit Blick aufs Meer und den Stromboli. Schnell fühlt man sich hier heimisch. Die Halbpension kann man nur wärmstens empfehlen! In einem Gästehaus bietet Pina sechs weitere einfachere und preisgünstigere Unterkünfte an. Ganzjährig geöffnet. Da Pina; Via San Pietro; Tel. 0 90 98 30 32, Fax 0 90 98 31 47; E-Mail: info@ amapanarea.it, Internet: www. panarea.com/pina; 8 Zimmer ★★/★★★★★ AmEx DINERS EURO VISA ■ C 7, S. 110

Essen und Trinken

Antonio il Maccellaio
Keine Lust auf Fisch? Antonio Tesoriero hat sein halbes Leben in Argentinien verbracht, wo er den Gauchos das Geheimnis der perfekten Zubereitung von Steaks entlockt hat. Als **contorno** Gemüse vom Grill, abends auch Pizza aus dem Holzofen. Von mehreren Terrassen genießt man den Blick aufs Meer.
Via San Pietro 20, Tel. 0 90 98 30 33; April–Okt., tgl. mittags und abends
★ ★ ★ AmEx DINERS EURO VISA

Da Paolino
Sympathische Familientrattoria im Ortsteil Ditella. Paolino Spanò hält der bodenständigen Äolenküche seit 1976 die Treue. Angeboten werden vor allem frische Meeresfrüchte und Fisch. Von der Terrasse bietet sich ein Traumblick auf die vorgelagerten Felseilande und Stromboli.
Via Iditella; Tel. 0 90 98 30 08; März–Dez., tgl. mittags und abends
★ ★ AmEx EURO VISA

Da Pina M M M
Pina Mandarano und ihre Tochter Giovanna führen seit Jahrzehnten eines der besten Restaurants der Inseln. Die Auberginen-Gnocchi sind Legende, der im eigenen Sud gedünstete Fisch **all'aqua pazza** eine Offenbarung. Schön gedeckte Tische unter einer Pergola. Wer sich im Winterhalbjahr nach Panarea verirrt, kann sich von Pina in die Geheimnisse der äolianischen Küche einweihen lassen. Pina vermietet auch einige sehr schöne Gästezimmer.
Via San Pietro; Tel. 0 90 98 30 32; tgl. mittags und abends ★ ★/★ ★ ★
AmEx DINERS EURO VISA

Rodà
Gefüllte Tintenfische sind die Spezialität der kleinen Familientrattoria am Hafen. Auch Gästezimmer.

Via San Pietro; Tel. 0 90 98 30 06; Ostern–Okt., tgl. mittags und abends
★ ★ AmEx DINERS EURO VISA

Trattoria alla Spiaggetta
Wo die Straße von Drauto endet, kann man sich mit schönem Blick auf die Caletta dei Zimmari stärken, etwa nach einem Bad oder dem Spaziergang zur Punta Milazzese. Mittags kann man hier auch nur einen Salat oder einen Teller Pasta bestellen. Dabei sind der frische Fisch oder die **gamberi** durchaus eine Versuchung wert. Die Familie Cappelli hat 2001 ihre ehemals bescheidene Zimmervermietung in das schmucke Hotel **Quartara** verwandelt.
Via Drauto; Tel. 0 90 98 32 72; Ostern–Okt., tgl. mittags und abends
★ ★ ▭

Am Abend

Panareas Nachtleben findet in Hafennähe statt – ob in den zahlreichen Bars oder Diskos im Hotel **Cincotta** (oft leer, trotz der schönen Terrasse und manchmal freiem Eintritt) oder **Raya** (bei italienischen Fernsehsternchen angesagt und mit Eintrittspreisen bis 100 €). Nach dem Tanzen trifft man sich in der **Bar Naif** oder im **Lisca Bianca**, wo es noch um drei Uhr nachts warme Hörnchen gibt.

Service

Auskunft
→ S. 40

Fähren und Tragflügelboote
Die Agenturen befinden sich direkt am Porto San Pietro, wo Fähren und Tragflügelboote fest machen. Bläst der Schirokko, kann es vorkommen, dass die Schiffe in Panarea nicht anlegen können. Fahrpläne sind angeschlagen bzw. liegen aus.
SIREMAR Tel. 0 90 98 30 07
SNAV Tel. 0 90 98 30 09

Die beiden grün bewachsenen Vulkankegel verleihen Salina ihr Profil. Auf der stillen Insel wird der Fremdenverkehr behutsam mit der Ökologie in Einklang gebracht.

Salina

2400 Einwohner

Wer mit der Fähre oder dem Tragflügelboot von einer der anderen Inseln kommt, glaubt sich in einer neuen Welt. Denn Salina hält sich bedeckt: Ihr vulkanischer Ursprung versteckt sich unter dichten Wäldern und Nebelschwaden, die häufig geheimnisvoll um die Gipfel ziehen. Als zwei formvollendete Kegel steigen die Berge von Salina aus dem Meer, daher hieß sie bei den Griechen der Antike **Didyme**, die Zwillinge. Hier geht es ruhig und beschaulich zu, der Tourismus hat keine Hektik auf die Insel gebracht. Wer ausgedehnte Wanderungen in würziger Waldluft liebt, wer sich gerne an ruhigen, kleinen Stränden tummelt und wer mit Kindern unterwegs ist, der ist hier gut aufgehoben. Die beiden Vulkane **Monte Fossa delle Felci** (Farnkrater) und **Monte dei Porri** (Lauchberg) sind schon vor Jahrhunderttausenden erloschen, und auch sonst gibt es auf Salina keine Anzeichen mehr von aktivem Vulkanismus. Der **Monte Fossa**, mit 962 m der höchste Berg des Archipels, ist dicht bewaldet, dazu haben auch die Aufforstungen vergangener Jahrzehnte beigetragen. Macchia und Wälder stehen heute unter Naturschutz, und die Forstverwaltung hat Wanderwege angelegt und sogar markiert (→ Routen und Touren, S. 85). Den Sattel zwischen den beiden Kegeln, **Val di Chiesa**, bedeckt fruchtbarster Boden, der seit alters her bestellt wird – seit 5000 Jahren, um genau zu sein. Zwei Gemeinden im Inneren, die sich im Norden und im Süden gegenüberliegen, **Malfa** und **Leni**, haben sich auf die Landwirtschaft spezialisiert. Die dritte Gemeinde, das an der Ostküste gelegene **S. Marina Salina**, lebt schon immer vom Meer.

An der Schwelle des 19. Jahrhunderts erlebte Salina seinen größten Boom. Seit der Antike wurde auf der Insel die Malvasiarebe angebaut, aus der ein goldgelber Dessertwein gekeltert wird. Als die britische Flotte in Messina vor Anker ging, um einen möglichen Angriff Napoleons auf Sizilien abzuwehren, kamen die Quartiermeister auch nach Salina, um Wein zu kaufen. Der wirtschaftliche Aufschwung begann, und bald konnte S. Marina Salina selbst eine Handelsflotte aufbauen, die den Malvasia in eigener Regie ausführte. Der neue Reichtum erlaubte es Salina, sich von Lipari politisch unabhängig zu machen. Und als die Engländer zehn Jahre später wieder abzogen, war der Malvasia längst in der ganzen Welt gefragt. Der Wohlstand nahm jedoch ein dramatisches Ende, als die aus Nordamerika eingeschleppte Reblaus 1889 auch die Weinberge Salinas vernichtete. Viele Inselbewohner wanderten aus, oft nach Amerika. Das ist heute Geschichte, längst wird auf der Insel wieder Malvasia erzeugt.

Leni ■ C 15, S. 114

Die kleine Gemeinde liegt in der Senke zwischen Monte dei Porri und Monte Fossa delle Felci und ist von Olivenhainen und Weingärten umgeben. Eine serpentinenreiche Straße führt vom Hafen Rinella hinauf in diese völlig abgeschiedene, wunderschöne Landschaft, in der malerisch verstreut einzelne Bauernhöfe in typisch äolischer Bauweise liegen. Auf alten Wirtschaftswegen kann man durch Felder und Macchia streifen. Eine sehr schöne Wanderung führt von Leni nach Westen auf den **Piano del Vescovo**, über dem Eleonorefalken nisten.

Beim Aufstieg auf den Monte Fossa delle Felci – ein Blick zurück auf S. Marina Salina (→ S. 85).

Lingua ▪ EF 16, S. 115

Der südlich von S. Marina Salina gelegene Ortsteil ist Endstation für die Linienbusse, den im Westen gelegenen Hafen von Rinella kann man von Lingua aus nur zu Fuß auf einem alten Maultierpfad erreichen. Auf dem Landvorsprung liegt ein Brackwasserteich, der seit der Römerzeit bis ins 19. Jahrhundert als Saline genutzt wurde, daher der Name der Insel. Heute steht der Lagunensee unter Naturschutz.

In Lingua herrscht außerhalb der Hauptsaison im Sommer himmlische Ruhe. Am frisch herausgeputzten Lungomare reihen sich nette Pensionen und Lokale auf.

Hotels/andere Unterkünfte

A Cannata
Hübsche, freundliche Pension, einige der Zimmer mit Gemeinschaftsbädern. Auch Ferienwohnungen. Gutes Restaurant. In der Regel ganzjährig geöffnet.
Via Umberto I. 13; Tel./Fax 09 09 84 31 61; 8 Zimmer ★/★★ AmEx DINERS EURO VISA

Il Delfino 👥
Kleine Pension am Lungomare, sehr schön sind die vier Appartements mit Terrasse am Meer. Gutes Restaurant. März bis November.
Via Garibaldi 19; Tel. 09 09 84 30 24, Fax 09 09 84 32 98; 10 Zimmer, 4 Appartements ★ AmEx DINERS EURO VISA

Museen

Museo Etnoantropologico
In einem alten Gutshof, direkt am Salinensee, wurde das kleine Heimatmuseum eröffnet. In liebevoll gestalteten Räumen wird gezeigt, wie man auf der Insel früher lebte und arbeitete. Auch prähistorische Funde von Salina sind ausgestellt.
Via Pantano; Mo–Sa 9–13 Uhr

Essen und Trinken

A Cannata
Nettes Restaurant der gleichnamigen Pension, hausgemachte Maccheroni und gute Fischgerichte.
Via Umberto I. 13; Tel. 09 09 84 31 61; in der Regel Ostern–Nov., tgl. mittags und abends ★★ AmEx DINERS EURO VISA

Alfredo
In dieser Bar wirkt der ungekrönte König der Granita, ein köstliches Getränk mit zerstoßenem Eis, das es in verschiedenen Geschmacksrichtungen gibt.
Piazza Marina Garibaldi; Tel. 09 09 84 30 50; April–Nov.

Il Delfino
Restaurant der gleichnamigen Pension. Abwechslungsreiche äolianische Küche, frischer Fisch.
Via Garibaldi 19; Tel. 09 09 84 30 24; März–Nov., tgl. mittags und abends ★★/★ AmEx DINERS EURO VISA

Il Gambero
Gute Küche mit Zutaten frisch aus dem Garten oder den Netzen der Fischer. Die Besitzer vermieten einige freundliche Ferienappartements am Salinensee.
Via Marina Garibaldi; Tel. 09 09 84 30 49; April–Okt., tgl. mittags und abends ★★ AmEx DINERS EURO VISA

Malfa ▪ C 13, S. 114

Von den drei Inselgemeinden ist Malfa die betriebsamste – kein Wunder, hier an der Nordküste ist das Zentrum des Malvasiaanbaus. Der Wein besteht zu 95 % aus weißer Malvasia-Rebe, der Rest ist schwarze Korinther-Traube. Bis der edle Tropfen abgefüllt wird, hat er einen aufwendigen Herstellungsprozess durchlaufen. Die kleinfrüchtigen Trauben werden von Hand geerntet. Dann werden sie an der Sonne getrocknet, wozu

Oben: Von Rinella fahren Fähren
und Tragflügelboote weiter nach
Filicudi und Alicudi.

Mitte: Das Hotel Signum in Malfa
besteht aus einer Gruppe
sorgsam restaurierter Inselhäuser
(→ MERIAN-Tipp, S. 14).

Unten: Val di Chiesa (→ S. 57)
und im Hintergrund der Monte
dei Porri. Auf Salina gedeihen
die besten Malvasiertrauben.

man sie über niedrigen Gestellen auf Strohmatten ausbreitet. Wehe, in diesen Nächten fällt Nebel: Dann müssen die Trauben schnell unter Dach und Fach gebracht werden. Nach zehn Tagen wird gekeltert; die Ausbeute an Most ist verständlicherweise gering. Der fertige **Malvasia** hat einen Alkoholgehalt von 18 % und wird in kleinen Gläsern zum Dessert getrunken.

Im Jahr 1889 von der Reblaus vernichtet, fiel der Malvasia schlagartig als Existenzgrundlage weg. Die Wirtschaft Salinas brach zusammen, von 9000 Einwohnern musste die Hälfte emigrieren. Einige wenige verschont gebliebene Weinstöcke deckten nur den Eigenbedarf der Bauern. Erst seit den 1960er Jahren geht es wieder bergauf. Der Norditaliener Carlo Hauner, eigentlich Designer und Architekt, kam als Tourist auf die Insel – und blieb. Fasziniert von der Tradition des Malvasia, stürzte er sich in das Abenteuer Weinbau. Schon zehn Jahre später erhielt sein Erzeugnis das italienische Gütesiegel DOC. Auch einige gebürtige Insulaner wagten wieder den Weinbau, eine zweite renommierte Marke wurde geboren, Nino Caravaglio. Eine Flasche des Göttergetränks aus bestem Hause ist nicht unter 20 € zu haben.

Malfa steigt nach Norden steil bergab von der fruchtbaren Hochebene bis an die Küste, die letzten Häuser wirken wie an den Felsen geklebte Schwalbennester. Neben dem kleinen Hafen **Punta di Scario** liegt ein schöner Badestrand.

Hotels/andere Unterkünfte

Punta Scario
Herrliche Lage über dem Meer, die meisten Zimmer kommen in den Genuss der schönen Aussicht. Mit ein paar Schritten erreicht man den Strand. April bis Oktober.
Via Scalo 4; Tel. 09 09 84 41 39,

Fax 09 09 84 40 77; E-Mail: htlpuntascario @netnet.it, Internet: www.puntascario.it; 17 Zimmer ★★ AmEx DINERS EURO VISA

Signum
→ MERIAN-Tipp, S. 14

Essen und Trinken

Malvasia
Die Bar hat bis spät abends geöffnet. Neben dem guten Malvasia und köstlichen **dolci** gibt es eine große Auswahl an Zeitungen und einen öffentlichen Fernsprecher.
Via Roma 81; Tel. 09 09 84 40 19

Signum M M
Das vorzügliche Restaurant des gleichnamigen Hotels (→ MERIAN-Tipp, S. 14) öffnet auf Vorbestellung auch für Gäste, die nicht hier übernachten. Michele kocht nach den äolianischen Rezepten seiner **mamma**, die Zutaten sind immer frisch, die Weinauswahl vorzüglich.
Via Scalo 15; Tel. 09 09 84 42 22; März–Dez., tgl. abends ★★★ DINERS EURO VISA

Pollara ■ B 13, S. 114

Über steile Serpentinen, vorbei an Terrassenfeldern und tiefen Schluchten, geht es nach Pollara, das zur Gemeinde Malfa gehört und an der Westküste liegt. Nach einer letzten Spitzkehre scheint die Landstraße plötzlich im Nichts zu enden. Man steht am Rand eines Talkessels, dessen Wände über 200 m fast senkrecht in die Tiefe stürzen. Unten liegt eine halbkreisförmige Ebene mit lauter dunkelgrünen Feldern und Gemüsebeeten. Spielzeugklein sehen die Traktoren aus, die über die Feldwege kriechen, aber ihre Motoren hören sich an, als ob sie vor einem auf der Hauptstraße führen. An der breitesten Stelle des Talgrundes, am Durchmesser des Halbkreises, bricht die

Ebene steil ab. 40 m tiefer glänzt das Meer, aus dem sich eine Felsspitze erhebt, der **Scoglio Faraglione**. Man steht vor der grandiosen Ruine eines Vulkans, der vor 13 000 Jahren zum letzten Mal explodiert ist. Die Hälfte seines Kraters wurde mittlerweile weggewaschen. Nur sein Schlot ragt noch über den Meeresspiegel, die Felsnadel.

Wo die Wände des Kessels auf das schmale Ufer treffen, gähnen Höhlen. Es sind steinzeitliche Wohnhöhlen, die noch lange Dienst taten als Lagerräume und vor einigen Jahren zu Filmruhm kamen: In Michael Radfords »Postmann« waren sie noch einmal Behausungen. Ebenfalls mitgespielt hat eine rosa Kate unmittelbar neben der Spitzkehre der Landstraße. Sie war »das Haus von Pablo Neruda« und wurde in der Folge ständig von Touristen umlagert, bis der Besitzer sie für sündhaft viel Geld als Ferienhaus zu vermieten suchte. Auf den grünen Feldern am Grund des Kraters stehen in Reih und Glied die berühmten Kapernsträucher, eine Pflanze, die aber auch überall wild wächst.

Der kleine schwarze Sandstrand, zu dem von der Hochebene ein Fußweg absteigt, ist ein idealer Badeplatz bei Sonnenuntergang.

Hotels/andere Unterkünfte

Im Ort nach Schildern **Affitasi camere** bzw. **Affitasi villette** (Zimmer- bzw. Ferienhausvermietung) Ausschau halten.

Rinella　■ C 15, S. 114

Einer der drei Häfen Salinas, wenn man den Porto di Scario von Malfa mitzählt, liegt vor der steilen Kulisse des Monte Fossa delle Felci. Auch hier legen Fähren und Tragflügelboote an. Der Hafen an der Südküste hat bereits lange Tradition: In den wei-

chen Tuffstein am Ufer haben die Menschen der Steinzeit Wohnhöhlen geschlagen, die noch bis vor einigen Jahren als Bootshäuser genutzt wurden. Elegant ist die am Hafen gelegene Jugendstilvilla, die das Hotel Ariana beherbergt. 200 m vor der Küste sind die letzten Spuren vulkanischer Tätigkeit zu sehen, die **sconcassi**, Blasen aus schwefeligem Gas, die aus dem Meeresboden brodeln. Vom Hafen aus gelangt man die Küste entlang zu Fuß in Richtung Westen zu einem romantischen Felsenstrand, der **Pra Venezia**.

Hotels/andere Unterkünfte

Campingplatz Tre Pini
Einfacher, aber schön gelegener Platz direkt über dem Meer. Einige Matten und ein paar Bäume spenden Schatten. April bis Oktober. Via Rotabile; Tel. 09 09 80 91 55, 09 09 80 90 41; E-Mail: info@reception.com, Internet: www.trepini.com AmEx DINERS EURO VISA

L'Ariana 👫
Charmante Adelsvilla direkt über dem Meer mit herrlichen Sonnenterrassen und einem ausgezeichneten Restaurant. Patrizia, die Besitzerin, ist eine begeisterte Inselkennerin und versorgt ihre Gäste mit wertvollen Tipps. Ganzjährig geöffnet. Via Rotabile 1; Tel. 09 09 80 90 75, Fax 09 09 80 92 50; E-Mail: hotelariana@netnet.it, Internet: www.hotelariana.it; 15 Zimmer ★ ★ AmEx DINERS EURO VISA

Essen und Trinken

Da Marco
Köstliche Antipasti, gute Holzofenpizza und äolianische Spezialitäten. Via Rotabile 18; Tel. 09 09 80 91 20; März–Nov., im Sommer tgl., sonst nur Sa und So, nur abends ★ AmEx DINERS EURO VISA

L'Ariana M M

Das Restaurant des gleichnamigen Hotels lohnt alleine den Weg nach Rinella. Das Menü wechselt mit dem Tagesfang der Fischer.
Via Rotabile 1; Tel. 09 09 80 90 75; April–Okt., tgl. mittags und abends
★ ★ ★ AmEx DINERS EURO VISA

Service

Fahrzeugverleih
Eoliana Servizi
Direkt an der Hafenmole. Vespa und Scooter 16 €/Tag.
Tel. 09 09 80 92 03, Mobile 33 87 60 28 03.

Fähren und Tragflügelboote
Direkt an der Mole.
SIREMAR Tel. 09 09 80 91 70
SNAV Tel. 09 09 80 92 33
Salinas Haupthafen befindet sich in S. Marina Salina.

S. Marina Salina

■ F 14-15, S. 115

Die Gemeinde hat seit jeher vom Meer gelebt. Der Hafen ist der größte der Insel, mit den meisten Fährverbindungen. Wer hier landet, wird sofort gefangen genommen von der nach Bergwald duftenden Luft. Einst lagen im Hafen die stolzen Segelschiffe der Reeder, um den Malvasia zu verfrachten. Der Corso lädt mit netten Lebensmittelgeschäften und der einen oder anderen Boutique zum Bummeln ein.

Hotels/andere Unterkünfte

Bellavista
Renoviertes Haus mit Drei-Sterne-Komfort oberhalb der Marina. Einige Zimmer mit Terrasse und Meerblick, deutsch-italienisches Besitzerehepaar. April bis September.
Via Risorgimento 8; Tel./Fax 09 09 84 30 09; 13 Zimmer ★ ★ / ★ ★ ★ AmEx DINERS EURO VISA

Mamma Santina M 🍴
Mario Gullo führt seine sympathische Pension mit großem Enthusiasmus. Das Restaurant ist absolut empfehlenswert. Von der Terrasse, auf der auch gegessen wird, blickt man über die Dächer des Ortes aufs Meer. März bis Oktober.
Via Sanità 40; Tel. 09 09 84 30 54, Fax 09 09 84 30 51; Internet: www.mammasantina.it; 11 Zimmer ★ ★
AmEx DINERS EURO VISA

Punta Barone
Kleines, einfaches Hotel am nördlichen Ortsrand, direkt oberhalb des Kiesstrandes der Punta Barone. Fast alle Zimmer mit Meerblick. Ganzjährig geöffnet.
Via Lungomare 8; Tel. 09 09 84 31 72, Fax 09 09 84 31 61; 9 Zimmer ★ ★
DINERS EURO VISA

Spaziergang/Wanderung

Ausgangspunkt ist die Piazza vor der Kirche am Hafen. Man geht auf der Küstenstraße Richtung Süden – keine Sorge, sie wird kaum befahren. Vor uns erhebt sich Lipari und wird uns auf dem Hinweg begleiten. Vulcano bleibt verdeckt. Von Westen rückt die bewaldete Flanke des Monte Fossa immer näher an die Straße. Tief eingeschnitten sind die berühmten smaragdgrünen Farnschluchten. Der Weg wird so eng, dass keine Bebauung mehr möglich ist. Nach etwa 2 km öffnet sich das Gelände, im Osten liegt der Salinsee, und nach ein paar hundert Metern ist man im Weiler Lingua angekommen. Es herrscht himmlische Stille, da es keinen Durchgangsverkehr gibt. Die Bar Alfredo bietet sich für eine kleine Pause an, bevor man zur alten Saline schlendert, in der noch römische Mauerreste zu sehen sind. Auf dem Rückweg genießt man das traumhafte Panorama der Inseln Panarea und Stromboli.

Essen und Trinken

La Cambusa
Im Erdgeschoss Barbetrieb, im ersten Stock ein einfaches, aber gutes Lokal mit schöner Dachterrasse. Leckere Nudelgerichte. Am Hafen.
Via Lungo Mare 1; Tel. 09 09 84 31 40; ganzjährig geöffnet, Di geschl. ★★
AmEx DINERS EURO VISA

Mamma Santina
Das Restaurant der gleichnamigen Pension steht allen Gästen offen. Äolianische Küche wie von mamma.
Via Sanità 40; Tel. 09 09 84 30 54; März–Okt., tgl. mittags und abends ★★
AmEx DINERS EURO VISA

Nni Lausta M M
Fabio Giuffrès Lokal zählt zu den interessantesten kulinarischen Adressen auf den Äolen. Die Bar serviert hervorragende Aperitife, das ausgezeichnete Restaurant liegt in einem lauschigen Garten.
Via Risorgimento 188; Tel. 09 09 84 34 86; April–Okt., tgl. abends ★★★
DINERS EURO VISA

Portobello
Edles Terrassenrestaurant über dem Hafen. Die Küche ist genauso zufriedenstellend wie das Panorama.
Via Bianchi 1; Tel. 09 09 84 31 25; Mitte März–Nov., tgl. mittags und abends
★★/★★★ AmEx DINERS EURO VISA

Service

Auskunft
→ S. 40

Didyme Viaggi
In ihrem Reisebüro in Hafennähe erteilt Silvana Bartoli freundlich und erschöpfend Auskunft über alle Inselbelange.
Via Risorgimento 196; Tel. 09 09 84 33 10, Fax 09 09 84 30 78; E-Mail: didymeviaggi@tisclinet.it.

Busverbindungen
Die **CITIS** unterhält ein perfektes öffentliches Nahverkehrsnetz mit ganzjährig guten Verbindungen zwischen den einzelnen Inselorten Leni, Lingua, Malfa, Pollara, Rinella S. Marina Salina und Val di Chiesa. Fahrpläne sind an den Haltestellen angeschlagen bzw. bei der CITIS erhältlich,
Via Nazionale 10, Malfa; Tel. 09 09 84 41 50

Fähren und Tragflügelboote
Die Agenturen sind in Hafennähe.
SIREMAR Tel. 09 09 84 30 78
SNAV 09 09 84 30 78
Salinas zweiter Hafen befindet sich in Rinella.

Fahrzeugverleih
Buongiorno, Antonio
Vom Hafen aus ca. 300 m in Richtung Lingua. Gepflegter Fuhrpark und Notfallservice 24 Std. am Tag. Vespa und Scooter 26 €, Mountainbike 8 €/Tag.
Via Risorgimento 240; Tel. 09 09 84 34 09, Fax 09 09 84 33 08; ganzjährig geöffnet.

Val di Chiesa ■ C 14, S. 114

Das Tal ist benannt nach einer Wallfahrtskirche, die der Muttergottes geweiht ist, dem **Santuario della Madonna del Terzito**. Sie liegt etwa 1 km nördlich von Leni, leicht abseits von der Hauptstraße. Eine erste Kapelle wurde der Überlieferung nach schon in frühchristlicher Zeit von einem Einsiedler errichtet; sie geriet in Vergessenheit und verfiel. Im 17. Jahrhundert fanden Waldarbeiter die Ruinen sowie ein wundertätiges Gnadenbild der Muttergottes. Eine neue Kapelle wurde an der gleichen Stelle errichtet, mit einem neuen Gemälde. Das alte wurde in viele kleine Reliquien zersplittert. Wie häufig in Sizilien steht die christliche Kirche auf dem Boden einer heidnischen Kultstätte, einem antiken Demeter-Heiligtum.

Alle Welt kennt Stromboli: Ein
Film machte den Feuer speienden Berg über Nacht zum Star. Seither hat die schwarze Insel zahllose Menschen in ihren Bann gezogen.

STROMBOLI TERRA DI DIO PRODOTTO E DIRETTO DA ROBERTO ROSSELLINI INGRID BERGMAN

Stromboli

600 Einwohner

Am schönsten ist es, Stromboli bei Morgenrot mit der Nachtfähre aus Neapel anzulaufen. Schlaftrunken erblickt man am Horizont den perfekten Vulkankegel, 2500 m misst er vom Meeresgrund, davon ragen 924 m über die Wasseroberfläche. Im Morgengrauen staunt man über das nie verlöschende Feuer des Vulkans. Die Gipfelwolken glühen im Schein der Magma, und bis zu 200 m hoch geschleuderte Lavabrocken beschreiben leuchtende Parabeln in der Luft. Über die **Sciara del Fuoco** rutscht das im Flug erkaltete Gestein ins Meer. Der Stromboli ist der aktivste Vulkan Europas und bricht seit Jahrtausenden ständig aus. Dabei kommt es allerdings nur selten zu katastrophenartigen Explosionen. Denn die vielen kleinen Ausbrüche, die zum Teil im Minutenabstand erfolgen, verhindern, dass sich ein zu starker Druck im Inneren des Vulkans aufbaut. Stärke und zeitliche Abstände zwischen den Eruptionen lassen sich jedoch nie genau vorhersagen. Der Aufstieg zu den Gipfelkratern gehört zu den unvergesslichsten Landschaftserlebnissen, die dieser an eindrucksvollen Landschaften gewiss nicht arme Archipel zu bieten hat (→ Routen und Touren, S. 88).

Antiken Seefahrern diente der Vulkan als Leuchtturm, und die ersten Siedlungsspuren auf der Insel stammen aus dem 3. Jahrtausend v. Chr. Der fruchtbare Vulkanboden und das fischreiche Meer ernährten die Inselbewohner noch bis in die 1920er Jahre. Die Weltwirtschaftskrise, der Reblausbefall und schließlich ein verhee-

Roberto Rossellinis Stromboli-Film und seine Affäre mit Ingrid Bergman machten die Insel über Nacht bekannt.

render Vulkanausbruch 1930 trieben viele Menschen in die Emigration. Diese menschenverlassene Insel – nur einige der Alten waren zurückgeblieben – wählte der Regisseur Roberto Rossellini 1949 zum Schauplatz seines Films »Stromboli, terra di Dio«. Neben Ingrid Bergman war der Feuerberg der eigentliche Star und machte die Insel sozusagen über Nacht berühmt. Die ersten Touristen ließen nicht lange auf sich warten. An der Ost- und Nordküste locken lange, schwarze Sandstrände, und wenn alljährlich im August die sonnenhungrigen Italiener einfallen, erhöht sich die Zahl der Inselbewohner um das Zehnfache. In den anderen Monaten geht es auf Stromboli sehr viel ruhiger zu, und wer noch mehr Einsamkeit sucht, lässt sich in Ginostra mit dem Boot aussetzen.

Ginostra ■ B 3, S. 108

Das kleine Dorf liegt abgeschieden an der Westküste der Insel. Ginsterbüsche gaben ihm den Namen. Hier gibt es keine öffentliche Elektrizität, kein fließendes Wasser, keine Straßen. Außer einem unpassierbar gewordenen Pfad, der an der Südküste in den Ort Stromboli führte, ist Ginostra nur vom Meer her zu erreichen – und auch das nur bei ruhiger See. So kann es passieren, dass der kleine Ort tagelang von der Außenwelt abgeschnitten bleibt. Fähren und Tragflügelboote können hier nicht anlegen, dazu ist der Hafen zu klein. Alles muss in Boote umgeladen werden, Passagiere, Waren, Baumaterial und Lebensmittel. Nur sie können durch den 2 m breiten Spalt im Lavagestein in den Hafen gelangen, dessen Name Pertuso »Loch« bedeutet. Im Guinness-Buch hält er den Weltrekord als kleinster Hafen der Welt. Es ist gerade Platz für 20 Boote, die auf den Sand gezogen werden, und zwei, die vor Anker liegen.

Das Dorf selbst liegt höher, man erreicht es über einen steilen Maultierpfad mit breiten Treppen, vorbei an der schönen Chiesa di San Vincenzo. Der Maultiertreiber, der am Hafen auf Kundschaft wartet, ist ein Deutscher, auch als »Ulli, il mulattiere« bekannt.

Hotels/andere Unterkünfte

Locanda Petrusa
Ginostras einzige Pension, alle Zimmer mit eigenem Bad. Ganzjährig geöffnet.
Via Sopra Pertuso; Tel./Fax 09 09 81 23 05;
3 Zimmer ★ ▭

Lo Schiavo, Mario
Einfache Privatzimmer, von Petroleumlampen erleuchtet. Marios Söhne sprechen Englisch und organisieren auch Bootstouren. Ganzjährig geöffnet.
Via Piano; Tel. 09 09 81 28 80; 5 Zimmer,
7 Appartements ★ ▭

Essen und Trinken

L'Incontro M
Ausgezeichnetes Restaurant mit Nudel- und Fischspezialitäten. Am Abend isst man bei Kerzenschein – notgedrungen, denn es gibt keinen Strom. Wildromantische Aussichtsterrasse.
Via Sopra Pertuso; Tel. 09 09 81 23 05;
Mai–Okt., tgl. mittags und abends
★★★ ▭

Puntazzo M
Charmantes Lokal, in dem man sich den ganzen Tag aufhalten könnte und kann: zum Frühstück, Mittagessen, Abendessen und auf einen letzten Drink an der gut sortierten Bar. Delikate Fischküche, verführerische **dolci**.
Via Piano; Tel. 09 09 81 24 64;
April–Okt., tgl. von früh bis spät
★★ ▭

Stromboli   ■ E 1, S. 109

Der Hauptort Stromboli zieht sich um das nordöstlichste Kap der Insel. Hier legen die Schiffe an der Mole von Scari an. Die Ortsteile **Scari**, **San Vincenzo**, **Ficogrande** und **Piscità** folgen der Küstenlinie nach Westen und gehen nahtlos ineinander über. Davor zieht sich ein feiner, schwarzer Sandstrand entlang. Zwei Kirchen, San Vincenzo und San Bartolo, wachen über die weißen Häuser, die einem schon von weitem inmitten der üppigen Vegetation entgegenleuchten. Stromboli war vor hundert Jahren bereits einmal ein wohlhabender Ort. Hier lebten Reeder, deren Schiffe alle Häfen des westlichen Mittelmeeres anliefen. Eine Flotte von Segelschonern exportierte den Inselwein, denn die Weinberge, die sich die Hänge des Vulkans hinaufzogen, brachten reiche Erträge. Dann kamen die Reblaus, die Wirtschaftskrise, der Vulkanausbruch von 1930, und für viele blieb als letzter Ausweg nur die Auswanderung nach Amerika.

Erst mit den Touristen brach eine neue Blüte an. Sie kommen, angelockt von den klaren Farben, der von Kräutern geschwängerten reinen Luft und vor allem wegen der tiefen Stille, die nur unterbrochen wird vom langsamen, regelmäßigen Pulsschlag des Vulkans. Am Abend gibt es in den schmalen Gassen keine grellen Straßenbeleuchtungen, die den Sternen die Schau stehlen könnten. Die Inselbewohner können heute gut leben, die Landwirtschaft wird nur noch als Zusatzerwerb betrieben.

Hotels/andere Unterkünfte

La Nassa
Freundliche Pension im Ortsteil Ficogrande, alle Zimmer mit Terrasse und Meerblick. April bis Oktober.
Via Fabio Filzi; Tel./Fax 0 90 98 60 33;
13 Zimmer ★/★★ ▭

Oben: Tropische Vegetation wuchert über weiß gekalkte Mauern.

Mitte: Heißer Dampf dringt aus den Gipfelkratern, und immer wieder schießen Lavafontänen in die Luft.

Unten: Dem Inselheiligen San Vincenzo sind eine Kirche und zahlreiche Altäre geweiht.

La Sirenetta M M

Aufmerksam geführtes Hotel am
Sandstrand von Ficogrande, fast alle
Zimmer mit wunderschönem Blick
aufs Meer und das Felseneiland
Strombolicchio. Weitläufiger Garten
und Meerwasser-Swimmingpool,
gute Küche. April bis Oktober.
Via Marina 33; Tel. 0 90 98 60 25,
Fax 090 98 61 24; E-Mail: lasirenetta@
netnet.it, Internet: www.lasirenettahotel.
com; 45 Zimmer ★★/★★★★
AmEx DINERS EURO VISA

Miramare M

Freundliches, sehr zu empfehlendes
kleines Hotel oberhalb des Strandes
von Ficogrande. Zimmer mit schönen
Terrassen und Meerblick. Das gute
Restaurant ist nur im Sommer geöff-
net. Etwas günstiger sind die Zimmer
in der hübschen Dependance **Casa
Limone**. April bis Oktober.
Via V. Nunziante 3; Tel. 0 90 98 60 47,
Fax 0 90 98 63 18; 12 Zimmer ★★/★★★★
AmEx DINERS EURO VISA

*Ginostra rühmt sich des kleinsten
Hafens der Welt (→ S. 59).*

Solemare 👤👤

Annamaria und ihr Mann Giuseppe
betreiben ihre biologische Landwirtschaft schon lange, seit wenigen Jahren beherbergen sie auch Gäste in
zwei schönen Zimmern mit Bad und
Heizung. Auf Vorbestellung können
auch auswärtige Gäste die frugale
Küche kosten. An der Straße zwischen S. Vincenzo und S. Bartolo.
Ganzjährig geöffnet.
Via Belfiore 5; Tel./Fax 0 90 98 61 91,
Mobile 333 50 72 53; 2 Zimmer ★/★★
AmEx DINERS EURO VISA

Villaggio Stromboli 👤👤

Über dem Meer inmitten schwarzer
Lavafelsen, auf halbem Weg zwischen
Ficogrande und Piscità gelegen.
Lockere Atmosphäre, junges Publi-
kum, keine Pensionsverpflichtung.
Verleih von Kanus und Surfbrettern.
April bis Oktober.
Via Regina Elena; Tel. 0 90 98 60 18, Fax
0 90 98 62 58; 36 Zimmer ★★/★★★★

Villa Petrusa 👤👤

Großzügig verwinkelte Anlage im
Grünen, auf halbem Weg zwischen
S. Vincenzo und S. Bartolo gelegen.

Kein Restaurant. Zwölf weitere Zimmer in einer etwas günstigeren Dependance. Mitte März bis Mitte November.

Via Soldato Panattieri 4; Tel. 0 90 98 60 45, Fax 0 90 98 61 26; E-Mail: giancarlopetru-sa@tiscalinet.it; 16 Zimmer ★★
AmEx DINERS EURO VISA

Spaziergang

Vom Schiffsanleger in Scari führt die Via Roma bis auf die Piazza San Vincenzo, die sich vor der gleichnamigen Kirche ausbreitet. Zentraler Treff von früh bis spät ist die Bar »Ingrid«. Von ihrer Aussichtsterrasse hat man einen schönen Blick aufs Meer. Die Hauptstraße Via Vittorio Emanuele setzt sich fort in Richtung San Bartolo. Bereits nach wenigen Schritten passiert man das rote Haus, in dem Ingrid Bergman 1949 während der Dreharbeiten mit Roberto Rossellini wohnte.

Dann kommt auch schon die Kreuzung, an der wir links abbiegen und nach wenigen Schritten an einen Weg kommen, der links zum Friedhof aufsteigt. Die letzte Wegstrecke führt über blanke Lava. Dann stehen wir an der Mauer des **Cimitero Nuovo**.

Viele möchten den Vulkan bei Nacht erleben und sehen, wie glühende Magmafontänen in den Himmel schießen. Von der Punta Labronzo genießt man bereits einen schönen Blick, und auch bei Dunkelheit ist der Weg sicher zurückzufinden – vorausgesetzt, man hat eine Taschenlampe dabei (→ Routen und Touren, S. 88).

Essen und Trinken

Da Zurro M

Franco, der **padrone**, ist Fischer und Koch, davon profitieren seine Gäste. Alleine die Auswahl an Fisch-Antipasti ist überwältigend. Wer sich traut, isst **tagliatelle al nero di sepia**, zu-

bereitet mit der schwarzen Tinte des Tintenfischs. Gemüsefans sei die **gelosia alla siciliana** empfohlen, auf die Desserts darf man in keinem Fall verzichten.

Via Marina; Tel. 0 90 98 62 83; April–Sept., tgl. mittags und abends ★★★ AmEx DINERS EURO VISA

Ingrid Club

Die Bar, die von allen im Laufe des Tages mindestens einmal angesteuert wird. Herrliche Terrasse, auf der man bis spät nachts sitzen kann. Piazza S. Vincenzo; Tel. 09 09 88 63 85

Locanda del Barbablù

Gemütliches und sehr gutes Restaurant, in dessen Küche sich auf appetitanregende Weise die Geschmäcker Kampaniens und Siziliens begegnen. Via V. Emanuele 17/19; Tel. 0 90 98 61 18; März–Okt., tgl. nur abends ★★★ AmEx DINERS EURO VISA

Punta Lena M M

Stefano serviert seinen Gästen vegetarische Gerichte und frischen Fisch. Auf der windgeschützten Terrasse genießt man das köstliche Essen und den Traumblick auf den Strombolicchio. Am östlichen Ende von Ficogrande.

Via Marina; Tel. 0 90 98 62 04; April–Okt., tgl. mittags und abends ★★★ AmEx DINERS EURO VISA

Service

Auskunft
→ S. 40

Bootstouren
Società Navigazione Pippo

Der Stand von Pippo Utano am Lungomare ist nicht zu übersehen. Im Programm stehen Inselrundfahrten mit Stopp in **Ginostra** und nächtliche Ausflüge zur Sciara del Fuoco. Porto Scari, Tel. 0 90 98 61 35, Mobile 33 89 85 78 83

Die »Heißeste« der Inseln empfängt Besucher mit einem Bilderbuchvulkan und Schwefelgeruch, durchsetzt vom süßen Duft des Ginsters. Eine Wellness-Oase im Naturzustand.

Vulcano

860 Einwohner

In der Antike trug die vulkanische Insel ursprünglich den Namen **Thermessa**, die »Heiße«. Mit Ausbreitung des **Hephaistos-Kultes** auf den Äolen nannte man sie **Hierà**, die Heilige. Der griechische Mythos betrachtete den Vulkanschlund als Werkstatt des göttlichen Schmiedes. Nicht so abwegig, waren doch die wuchtigen Hammerschläge des **Hephaistos** zu vernehmen, der für Zeus die Blitze schmiedete. Christliche Pilger des Mittelalters interpretierten die vulkanischen Geräusche aus dem Erdinneren hingegen als teuflisches Toben und die Schreie der Verdammten. Die Römer übertrugen den Namen ihres Feuergottes **Vulcanus** kurzerhand auf die Insel, die damit zur Namenspatronin aller Feuer speienden Berge wurde. Antike Autoren berichten von den andauernden Aktivitäten des Vulkans. Der Historiker **Polybios** war sogar Zeuge eines Ausbruchs, bei dem 183 v. Chr. eine neue Insel entstand. Seit dem 16. Jahrhundert ist **Vulcanello** als Halbinsel mit Vulcano verbunden. Als Erste betrieben die Römer auf Vulcano den Schwefelabbau. Einen neuen Aufschwung erhielt die Gewinnung des mittlerweile für die Munitionsherstellung gefragten Rohstoffes im 19. Jahrhundert. Alexandre Dumas d. Ä. lieferte nach seiner »Reise zu den Äolen« im Jahre 1813 ein beredtes Zeugnis von den unmenschlichen Arbeitsbedingungen der zwangsverpflichteten Sträflinge. Nach dem Fall der Bourbonen kaufte der Schotte Stevenson 1860 einen Großteil der Insel und ließ am **Faraglione della Fabbrica** Schwefel und Alaun fördern. Die Vulkanausbrüche von 1888 bis 1890 setzten seinen Unternehmungen ein abruptes Ende. Nur Fischer und Bauern, die im geschützten Süden bei Gelso siedelten, blieben auf der Insel zurück. Das Herrenhaus Stevensons in der Nähe des Acqua di Bagno dient heute als Beauty-Center – ein Symbol des wirtschaftlichen Wandels.

Aber der Vulkan ist keineswegs erloschen, er ruht, ein neuerlicher Ausbruch ist nicht auszuschließen. Wissenschaftler halten daher den Krater unter ständiger Beobachtung. Angst muss man keine haben, vor einer Eruption würde rechtzeitig gewarnt. Trotzdem, ein kleiner Kitzel bleibt.

Inzwischen hat der touristische Aufschwung Vulcano erfasst, abzulesen an den modernen Ferienbungalows, Bars und Boutiquen, die sich vor allem in Hafennähe am **Porto di Levante** drängen. Den Flair eines gewachsenen Ortes sucht man hier vergebens. Das hält die italienischen Badegäste und Sonnenanbeter, die im Sommer auf Vulcano ihren Urlaub verbringen, jedoch keineswegs ab. Am **Porto di Ponente** erstreckt sich einer der wenigen ausgedehnten Sandstrände des Archipels. Gesundheits- und Schönheitsapostel schwören auf ein Bad in dem vulkanisch erwärmten Schwefelschlammbecken **Acqua di Bagno**. Die größte Inselattraktion ist aber zweifellos der **Gran Cratere**, das Ziel zahlreicher Tagesbesucher vom Festland und aus Lipari. Eine nicht allzu schwierige Wanderung führt auf den dampfenden Bilderbuchkrater mit grandioser Aussicht (→ Routen und Touren, S. 83).

Wer sich mit dem Bus oder Motorroller nach **Piano** aufmacht, lernt das bäuerliche Gesicht der Insel kennen. Noch immer spielt die Landwirtschaft auf der fruchtbaren Hochebene eine wichtige Rolle. Wein-, Obst- und Gemüsegärten bedecken jedes freie Fleckchen Erde. Rinder und Schafe, die hier weiden, liefern die Milch für eine köstliche Ricotta. Aus Piano lässt sich der beliebte Aussichtspunkt am **Capo Grillo** erreichen. Einsam wird es, wenn man die Straße nach Süden weiter fährt, die nach zahlreichen Kurven bei **Gelso** am Meer endet. Vulcanos älteste Ansiedlung besteht aus einer Handvoll Häusern, drei Trattorien, einem Anlegesteg und einem Leuchtturm. Außerhalb des Sommers verirren sich nur wenige an die wilden schwarzen Lavasandstrände.

Der Besuch Vulcanos wäre unvollständig ohne eine Inselrundfahrt mit dem Boot. Nur so entdeckt man verschwiegene Badebuchten und zahlreiche schöne Meeresgrotten entlang der wild zerklüfteten Küste.

Hotels/andere Unterkünfte

Hotel Torre (Ex-Agostino)
Mario Torres saubere und preisgünstige Pension liegt wenige hundert Meter vom Hafen entfernt. Zimmer mit Blick auf den Gran Cratere bzw. aufs Meer, einige mit schönen Terrassen und Kochgelegenheit. Ganzjährig geöffnet.
Via Favaloro 1, Porto Levante; Tel./Fax 09 09 85 23 42; 8 Zimmer ★/★★ ▱

La Giara
Nette Pension an der Straße, die in Richtung Piano führt, wenige hundert Meter vom Hafen entfernt. Die Toch-

ter des Hauses spricht Deutsch. April bis Oktober.
Via Provinciale 18, Porto Levante; Tel. 09 09 85 22 29, Fax 09 09 85 24 51; 20 Zimmer ★★ EURO VISA

Les Sables Noirs M M
Geschmackvolles Vier-Sterne-Haus an Vulcanos schönstem Sandstrand mit Blick auf die Nachbarinsel Lipari und den Sonnenuntergang. Pool und Terrassenrestaurant. Ostern bis Oktober.
Porto Ponente; Tel. 0 90 98 50, Fax 09 09 85 24 54; E-Mail: lesablesnoirs@framonhotels.com, Internet: www.framon-hotels.com; 48 Zimmer ★★★★ AmEx DINERS EURO VISA

L'Isola Magica
Einfache, jugendherbergsähnliche Unterkünfte und Pensionszimmer in Hafennähe, wenige Schritte von der Acqua del Bagno. Bettwäsche kann gestellt werden, Kochgelegenheiten. Ferienwohnungen in typisch äolianischen Häusern südlich von Gelso, dem einsamen Sandstrand an der Punta Bandiera in Gehdistanz. Ostern bis Oktober.
Piazzetta di Via Porto Levante; Tel. 09 09 85 21 05, Mobile 34 82 34 50 04; E-Mail: mail@lisolamagicavulcano.it, Internet: www.lisolamagicavulcano.it ★/★★ AmEx DINERS EURO VISA

Maria Tindara
Einfache, freundliche Gästezimmer in einem wirklich empfehlenswerten Lokal auf der Hochebene von Piano. Ganzjährig geöffnet.
Via Provinciale 38, Piano; Tel. 09 09 85 30 04, Fax 09 09 85 30 11; E-Mail: gigiacono@libero.it; 6 Zimmer ★ AmEx DINERS EURO VISA

Rojas Bahia
Im Jahr 2000 vollständig renoviertes Zwei-Sterne-Hotel, wenige Schritte vom Acqua di Bagno entfernt. Ende Mai bis September.

Porto Levante; Tel./Fax 09 09 85 20 80;
E-Mail: hotelrojas@netnet.it; 28 Zimmer
★★/★★★ AmEx DINERS EURO VISA

Spaziergang

Eine Landzunge verbindet die Hauptinsel Vulcano mit der Halbinsel
Vulcanello. In dem östlich gelegenen
Porto di Levante legen Fähren und
Tragflügelboote an, nach Westen
öffnet sich mit einem wunderschönen schwarzen Lavasandstrand der
Porto di Ponente. Etwa 10 Minuten
Fußmarsch trennen die beiden Buch-
ten. Dazwischen erstreckt sich der
eigentliche Ort Vulcano mit den
Büros der Schiffsagenturen und Fahr-
zeugvermieter, zahllosen Boutiquen,
Geschäften, Bars, Restaurants, Pen-
sionen und Hotels, fast alles Bauten
aus den 1970er Jahren oder jünger.
Sehenswert sind in unmittelbarer
Hafennähe die in Rot- und Gelbtönen
schillernde Faraglione della Fabbrica
und zu seinen Füßen der blubbernde
Schwefelpfuhl Acqua di Bagno.
Spazierwege führen weiter auf die
Halbinsel Vulcanello, die Besteigung
des Cran Cratere hingegen verlangt
einem etwas mehr Kondition und
Schweiß ab.

Sehenswertes

Acqua di Bagno/Faraglione della Fabbrica ■ C 25, S. 120

Es ist ein sehenswertes Spektakel,
die schlammverschmierten Gestalten
zu betrachten, die sich im Schwefel-
bad aalen. Viel mehr Spaß macht
es aber, selbst in die lauwarmen
Fluten des natürlichen Whirlpools
zu gleiten, der von zahlreichen kleinen Quellen gespeist wird und dessen Fango sich beständig erneuert.
Der durchdringende Geruch auf der
seidenweich gewordenen Haut wird
einen allerdings noch tagelang begleiten. Der heilkräftige Schwefelschlamm wirkt lindernd bei Rheuma-

und Gelenkerkrankungen, nur Silber-
schmuck nimmt das Bad übel, er
verfärbt sich schwarz. Duschen gibt
es keine, den Schlamm kann man im
nahen Meer wieder abwaschen. Doch
Vorsicht, der Strand ist steinig, und
stellenweise dringt aus dem flachen
Meeresboden kochend heißer
Dampf! Badeschuhe erweisen sich
deshalb als sehr nützlich. Seit wenigen Jahren wird für den Besuch des
Acqua di Bagno eine geringe Gebühr
erhoben, Gepäckaufbewahrung inklusive, und auch das Gelände wird
seitdem sauber gehalten.

Die gleiche Gruppe junger Leute,
die den Badebetrieb organisiert, bietet geologische Führungen auf den
56 m hohen **Faraglione della Fabbrica** an, auch Faraglione di Levante
genannt. Jahrtausende andauernde
Fumarolentätigkeit hat das Gestein
mürbe gemacht und mit Alaun,
Schwefel und Zinnober angereichert,
die noch bis Ende des 19. Jahrhunderts hier abgebaut wurden.

Capo Grillo ■ D 26, S. 121

Wer den Aufstieg auf den Cran Cratere scheut, sollte mit dem Linienbus
oder einem Motorroller diesen schönen Aussichtspunkt auf der Hochebene von Piano ansteuern. Am reiz-
vollsten ist die Stimmung zum Sonnenuntergang. Über den Vulcanello
hinweg sieht man auf die Nachbarinsel Lipari, bei klarer Sicht weitet
sich der Blick sogar bis Panarea und
Stromboli.

Gran Cratere ■ C 25-26, S. 120

Die Besteigung des dampfenden
Gran Cratere ist ein Must! Für die
Anstrengung wird man mit dem
Blick in einen perfekten Vulkan-
krater und einem der schönsten Pan-
oramen, das die Liparischen Inseln
zu bieten haben, belohnt (→ Routen
und Touren, S. 83).

Oben: Am Kraterrand des
Gran Cratere blüht Schwefel aus
(→ S. 66, 83).

Mitte: Der Aufstieg zum Krater
belohnt mit herrlichen Blicken
über den gesamten Archipel
(→ S. 66, 83).

Unten: Im warmen Schwefelschlamm der Acqua di Bagno
kann man sich von den Strapazen
erholen.

Vulcanello　■ E 24, S. 119

Der 183 v. Chr. aus dem Meer gestiegene »kleine Vulkan« ist der jüngste der äolischen Feuerberge und erst seit seinem letzten Ausbruch im Jahre 1550 über einen flachen Isthmus mit der Hauptinsel verbunden. Vom **Porto di Ponente** führt ein schöner Spaziergang auf schmalen Pfaden die Westküste entlang. Im Nordosten der Halbinsel regt das **Valle dei Mostri**, das Monstertal, mit seinen bizarren Lavaformationen die Fantasie an. An der Nord- und Ostküste sowie auf dem flachen Plateau am Fuße des Kraters breiten sich zahlreiche Appartementanlagen mit Ferienwohnungen aus.

Essen und Trinken

A Zammara

Bar am längsten Sandstrand der Insel. Drinks, erfrischende **granite** (Sorbets), Salate, mit Käse, Gemüse oder Sardellen gefüllte **schiacciate** (Hefegebäck) und abends Pizza. Im Sommer bis spät nachts geöffnet. Porto Ponente; Tel. 09 09 85 20 12; April–Okt., tgl. mittags und abends ★

Cantine Stevenson

Der alte Weinkeller des schottischen Minenbesitzers Stevenson wird heute von jungen Leuten als Bar betrieben. Zu ausgewählt guten Tropfen werden Antipasti, köstliche Kleinigkeiten und Salate serviert. Terrasse am Hafen mit Blick auf den Gran Cratere. Im Sommer abends Livemusik. Via Porto Levante; Tel. 09 09 85 32 47; April–Okt., tgl. mittags und abends ★

Da Vicenzino M

Seit über 20 Jahren ein Garant für besten Fisch, über das wenig inspirierende Ambiente sieht man gerne hinweg. Zu den Spezialitäten zählen Pasta mit Tunfisch, frischen Tomaten und Kapern oder **gamberetti** statt dem Tunfisch. Eine Versuchung sind auch der Risotto mit Meeresfrüchten oder die **involtini di pesce** spada. Via Porto Levante 25; Tel. 09 09 85 24 26; März–Nov., tgl. mittags und abends ★★/★★★★ AmEx DINERS EURO VISA

Il Diavolo dei Polli

Das Ristorante der Familie Capitti liegt auf dem Weg zum Belvedere Capo Grillo. Teuflisch gut gewürzte Piano-Hühner landen erst am Bratspieß und dann auf den Tellern der Gäste, das gleiche Schicksal wird auch Lämmern und Zicklein bereitet. Es gibt hausgemachte Pasta und in den Wintermonaten Pizza. Località Piano Cardo - Piano; Tel. 09 09 85 30 34; ganzjährig geöffnet, im Winter nur an Wochenenden bzw. auf Vorbestellung ★★ AmEx DINERS EURO VISA

Maria Tindara

Seit über 30 Jahren ist das Restaurant im ländlichen Piano ein Garant für bodenständig-äolianische Küche. Die **tagliatelle** (Bandnudeln) sind hausgemacht und landen mit frischem Tomatensugo auf den Tellern. Fisch und Fleisch werden auf Lavastein gegrillt. Offener Insel-Landwein. Maria Tindara vermietet auch einige Zimmer an ihre Gäste. Via Provinciale 38, Località Piano; Tel. 09 09 85 30 04; ganzjährig geöffnet, tgl. mittags und abends ★★ AmEx DINERS EURO VISA

Ritrovo Remigio

Die Bar direkt am Aliscafo-Anleger bietet frisches, hausgemachtes Gebäck und im Sommer herrlich erfrischende **granite**. Porto Levante; Tel. 09 09 85 20 85; tgl. von früh bis spät

Taverna del Marinaio

Die originelle Kneipe neben Mimmo Marturanos kleinem Laden für Bootsbedarf ist seit mehr als 30 Jahren

beliebter Anlaufpunkt der Segler, die vor Vulcano Anker werfen. Seit dem Frühjahr 2002 hat Signora Mariangela hier den Kochlöffel in die Hand genommen und tischt eine Reihe einfacher, schmackhafter Gerichte auf. Abends sitzen Mimmo und seine Freunde manchmal am Piano.
Via Favoloro, Porto Levante;
Tel. 09 09 85 24 26, Mobile 34 71 79 09 73;
Mo geschl., im Winterhalbjahr nur abends
⭐ AmEx DINERS EURO VISA

Tony Maniaci
Tony – der übrigens ausgezeichnet Englisch spricht – hat sich selbst zum **Dottore in Forchetta**, Gabeldoktor, ernannt. Zu Recht, denn auf der kleinen Terrasse direkt über der verschwiegenen Bucht von Gelso kann man sich köstliche Antipasti und ausgezeichneten Fisch schmecken lassen. Um außerhalb des Sommers nach Gelso zu gelangen, mietet man sich am besten einen Motorroller als fahrbaren Untersatz, das ist billiger und vergnüglicher als eine Taxifahrt.
Gelso; Mobil 3 37 95 31 76, 33 31 89 09 77;
April–Okt., tgl. mittags und abends
⭐⭐

Service

Auskunft
→ S. 40

Bootstouren
Während der Saison liegen im Porto di Levante und Porto di Ponente zahlreiche Ausflugsboote bereit. Bootsfahrten um die Insel Vulcano werden häufig auch von Lipari aus angeboten. Preise sind Verhandlungssache.

Busverbindungen
Busse der Autolinea Scaffidi halten am Porto di Levante vor der Bar Remigio. Fahrpläne sind hier angeschlagen. Ganzjährig mehrmals täglich Fahrten zwischen Porto, Piano und dem Aussichtspunkt am Capo Grillo

Eine Segelyacht (→ *S. 72*)
nimmt Kurs auf Vulcano.

und von Mitte Juli bis Mitte September dreimal täglich nach Gelso.
Tel. 09 09 85 30 73

Fähren und Tragflügelboote
Alle Agenturen befinden sich direkt am Porto di Levante, wo Fähren und Tragflügelboote anlegen.
NGI Tel. 09 09 85 24 01
SIREMAR Tel. 09 09 85 22 17
SNAV c/o Agenzia Thermessa,
Tel. 09 09 85 22 30

Fahrzeugverleih
Mehrere Vermieter in Hafennähe, z. B. **Paolo Romeo**.
Mountainbikes 5 €/Tag, Scooter 15 €/Tag; März bis November. Porto Levante;
Tel. 09 09 85 21 12

Taxi
Ein teures Vergnügen! Die Alternative: einen Motorroller mieten!
Einfache Fahrt nach Piano ca. 20 €, nach Gelso ca. 30 €; Mobile 33 95 79 15 76

Wer mit kleinen Kindern auf die Liparischen Inseln reist, sollte den Kinderwagen am besten gegen einen Tragerucksack tauschen, Spaziergänge und Strandbesuche werden sonst schnell zur Abenteuerralley. Gut zu wissen: Alles Wichtige für die Kleinsten gibt es in der **farmacia** (Apotheke), auch **pannolini** (Windeln). Zum Übernachten bieten Ferienwohnungen die größte Freiheit, auf einem **Agriturismo** sind Kinder Könige. Auch italienische Familien machen gerne Urlaub auf dem Bauernhof, schnell überwinden Kinder die Sprachbarriere und gewinnen neue Freunde. Der Kontakt mit Natur und Haustieren ist sicher spannender als der Besuch in einem Ferienpark. Problemlos ist es, mit Kindern essen zu gehen, da die Gastgeber meist sehr freundlich sind und (fast) jeden Wusch erfüllen. In Italien ist es ganz normal, dass die Kleinen bis spät abends wach bleiben und zwischen den Tischen tollen.

Wie überall in Süditalien genießen die Bambini Narrenfreiheit, und mit etwas Fantasie tun sich auch ohne organisierte Freizeitparks tausend Möglichkeiten auf.

Auf allen Inseln gibt es Möglichkeiten für schöne **Wanderungen**, die man bestens auch mit Kindern und Jugendlichen unternehmen kann; ein guter Sonnenschutz muss allerdings sein. Man kann auch dem Beispiel der Süditalienern folgen, die beim Spaziergang in der freien Natur immer nur an das Eine denken: an Essen.

Der Kiesstrand in Acquacalda auf Lipari ist selten überlaufen. Das Wasser ist kristallklar, die Aussicht herrlich (→ S. 34).

Mit einem Beutel in der Hand geht es los. Dann hält man Ausschau nach Kapernbüschen, die gerne an sonnigen Stellen zwischen Steinen wachsen. Schnell hat man im Frühjahr eine Handvoll der grünen Knospen gesammelt. Die Ausbeute wird über Nacht auf sauberem Papier ausgebreitet. Am nächsten Morgen kauft man grobes Salz und legt die Kapern trocken ein. Zu Hause, bei einem Teller Pasta, wird man sich noch lange an den Spaziergang erinnern (→ MERIAN-Tipp, S. 96).

Auf Stromboli und Vulcano gibt es feine, schwarze **Sandstrände**. Besonders geschützt ist die Bucht am Porto di Ponente auf Vulcano, der Meeresboden fällt flach ab. Aber auch die Kies- und Steinstrände der anderen Inseln können mit größeren Kindern aufgesucht werden. Wer schafft es, die runden Steine aufeinander zu türmen, ohne dass sie umfallen?

Alicudi
Auf dieser Insel gibt es weder Straßen noch Autos. Am Hafen warten die Eseltreiber, um Lasten bergauf zu transportieren. Auch Kinder werden gerne in den Sattel gehoben. Über den Preis – je nach Anzahl der Stufen – muss man sich vorher einigen. Eine Fuhre bis hoch zur Kirche San Bartolo kostet beispielsweise etwa 25 €.

Lipari
Bei Sonnenschein oder Regen: Der Besuch des Museo Archeologico (→ S. 38) macht auch den Kleinen Spaß. Besonders lebendig wirken die Tonfiguren aus der Welt des griechischen Theaters im ersten Stock der klassischen Abteilung.

Stromboli
Eine abendliche Bootsfahrt zur Sciara del Fuoco, wo man vom Meer aus den Krater sieht, der rhythmisch und mit Getöse Lavafontänen ausstößt, ist ein Erlebnis für die ganze Familie. An der Ost- und Nordküste erstrecken sich schöne Sandstrände, mit reichlich Material um Burgen oder Vulkane zu bauen. Vorsicht: Wegen der Strömungen sollte man Kinder nicht ohne Aufsicht baden lassen!

Vulcano
Das ist die absolute Nummer eins der Kinder-Hit-Liste! Im Schwefelschlamm am Porto di Levante können die Kinder nach Herzenslust mit dem heiß geliebten Matsch spielen, ohne auszukühlen, da der Fango warm ist. Achtung beim Bad im nahen Meer: Hier kommt der Dampf an manchen Stellen wirklich heiß aus dem Boden! Ungetrübten Strandspaß bietet der Porto di Ponente. Ein Abenteuer für die etwas Größeren ist der Aufstieg zum Krater des dampfenden Vulkans (→ Routen und Touren, S. 83). Aber nicht zu nahe an die Fumarolen kommen!

Rad fahren

Lediglich Filicudi, Lipari, Salina und Vulcano verfügen über einige Kilometer asphaltierter Straße, die Mitnahme des eigenen Rades lohnt sich deshalb kaum. Mountainbikes kann man auch vor Ort leihen. Auf gut funktionierende Gangschaltungen

Die Liparischen Inseln sind ein Eldorado für Wassersportler. Taucher und Segler sind hier in ihrem Element. Neben der Badehose gehören auch unbedingt Wanderschuhe ins Gepäck.

und Bremsen achten! Die Steigungen sind nicht zu unterschätzen, wie zum Beispiel auf der Ringstraße von Lipari (→ Routen und Touren, S. 78).

Segeln

Die Äolischen Inseln sind ein reizvolles, aber anspruchsvolles Segelrevier. Man sollte nie vergessen, dass man sich hier in Aiolos Reich bewegt! Die Winde können schnell und unerwartet drehen, und bei schlechtem Wetter gibt es nur wenige sichere Ankerplätze. Il Gabbiano ist ein erfahrener Segelcharter mit Basis an der sizilianischen Nordküste westlich von Milazzo und 14 Seemeilen südlich von Vulcano. Yachten mit und ohne Skipper, auf Wusch Transfer vom Flughafen.

Turistica Il Gabbiano
Villaggio Turistico Portorosa, 98054 Furnari (ME); Tel. 09 41 87 42 91, Fax 09 41 87 42 01; E-Mail: info@ gabbianotur.com, Internet: www. gabbianotur.com

Eine neue, farbenprächtige Welt öffnet sich dem Taucher unter Wasser.

Das Meer um die Liparen ist besonders artenreich und zählt zu den schönsten mediterranen Tauchgründen. Die Transparenz des Wassers ist besonders hoch, ideale Bedingungen also auch für Unterwasserfotografen. Professionelle Tauchbasen, die auch komplette Ausrüstungen verleihen, gibt es auf fast allen Inseln. Liparis Krankenhaus verfügt über eine Dekompressionskammer. Aber auch nur mit Maske und Schnorchel kann man in die Unterwasserwelt eintauchen.

Filicudi: Apogon Diving Center
■ E 11, S. 113

Ennio Cammarata und sein Team bieten auch Tauchgänge vor Alicudi an. Ende Juni bis Ende September.
Via Porto; Tel. 09 09 88 99 46, Fax 09 09 88 99 55, Mobile 34 73 30 71 85; E-Mail: info@apogon.it, Internet: www.apogon.it

🛈 MERIAN-Tipp

Eintauchen in Aiolos Reich Von Mai bis Oktober sticht die S. V. Florette, ein wunderschöner, 1921 vom Stapel gelaufener Zwei-Mast-Topsegelschoner, jedes bzw. jedes zweite Wochenende von Vibo Marina an der Westküste Kalabriens aus in See und nimmt Kurs auf die Liparischen Inseln. Seit vielen Jahren kreuzen der englische Skipper Ron Haynes, seine deutsche Frau Christel und die inzwischen erwachsen gewordenen Kinder in den äolischen Gewässern. **S. V. Florette Diving & Sailing**; E-Mail: svflorette@svflorette.com, Internet: www.svflorette.com

Lipari: La Gorgonia
■ d 6

Giuseppe Vadalà führt Tauchgänge vor Lipari und Vulcano durch. Ostern bis Anfang November.
Salita S. Giuseppe, Marina Corta; Tel./Fax 09 09 81 20 60, Mobile 33 55 71 75 67; E-Mail: info@lagorgoniading.it, Internet: www.lagorgoniadiving.it

Panarea: Amphibia
■ C 7, S. 110

Andrea Fogliuzzi bietet hauptsächlich Tauchgänge vor Panarea an, Ausflüge zu den benachbarten Inseln sind aber auch möglich. Ostern bis Oktober.
Via Iditella, Tel./Fax 0 90 98 33 11, Mobile 33 56 13 8 29; E-Mail: amphibia@tiscalinet.it, Internet: www.amphibia.it

Stromboli: Diving Club La Sirenetta
■ E 2, S. 109

Daniele Dallago taucht vor Stromboli und Panarea und benutzt das Hotel La Sirenetta als Basis. Ostern bis Ende Oktober.

Via Marina 33; Tel. 0 90 98 60 25,
Mobile 33 88 91 96 75, 34 75 96 14 99;
E-Mail: info@www.lasirenettadiving.it,
Internet: www.lasirenettadiving.it

Vulcano: Vulcano Mare
■ E 24, S. 119

Gaetano Agnosto besitzt große Erfahrung in den äolischen Gewässern.
Porto Ponente; Tel. 09 09 85 31 05, Mobile
34 78 21 85 88; E-Mail: info@vulcanomare.com, Internet: www.vulcanomare.com

Wandern

Die Liparischen Inseln lernt man am besten zu Fuß kennen. Eine zuverlässige Routenbeschreibung (→ Routen und Touren, S. 83, 85, 88) und eine topografische Karte führen auf den rechten Weg. Auf den Inseln erhält man die Karte »Isole Eolie, Carta Turistica e Nautica« im Maßstab 1:25 000. Die älteren Ausgaben bieten eine bessere Geländedarstellung.

Brauchbar ist auch die Kompass-Wanderkarte »Äolische Inseln«, Blatt 693 im Maßstab 1:25 000. Im Insel- & Wanderführer »Liparische Inseln« von Peter Amann (ISBN 3-933041-01-5) sind 30 Wanderungen exakt beschrieben. Viele der Routen können auch gemeinsam mit Kindern unternommen werden. Weitere Tipps im Kapitel »Sehenswerte Orte«.

Strände

Alle Inseln melden beste Wasserqualität, ab Mai und bis spät in den Herbst weist das Meer Badetemperaturen auf. Längere Sandstrände gibt es nur auf Stromboli und Vulcano.

Alicudi
Perciato ■ B 12, S. 112

Die schönste Badestelle der Insel liegt 500 m südwestlich des Schiffsanlegers hinter einem Lavabogen (»**perciato**«). Die Sonne scheint bis

Auf alten Wirtschaftswegen kann man über die Inseln streifen – wie hier auf Panarea. Im Hintergrund die markante Silhouette des Stromboli.

zum späten Nachmittag, und beim Schnorcheln entdeckt man blubbernde Gasaustritte im Meeresboden.

Lipari
Spiaggia Valle Muria ■ C 22, S. 118
Sand- und Kiesstrand zu Füßen des Belvedere Quattrocchi: schwimmen mit Traumblick auf Vulcano. Eine Felsgrotte ist zur Bar umfunktioniert. Hier gibt es kühle Getränke und leckere Kleinigkeiten. Barnj bietet zwischen Mai und Oktober einen Bootsshuttle vom Porto Sottomonastero an; Mobile 3 60 28 91 41, 3 60 33 05 60. Zu Fuß von der Bushaltestelle in Nähe des Belvedere in ca. 15 Min. zu erreichen.

Spiaggia della Papesca
■ E 19, S. 117
Vom nördlichen Ortsende von Canneto zu Fuß zu erreichen. Weißer Bimssteinsand mischt sich mit dunklem Lavakies, das Meer leuchtet türkis.

Panarea
Cala Junco ■ B 8, S. 110
Geschützte Bucht mit grobem Vulkangeröll und herrlichem Blick auf Lipari.

Salina
Baia di Pollara ■ A 13, S. 114
Eine Mini-Wanderung führt an den schmalen, dafür aber landschaftlich schönsten Strand der Inseln, bekannt geworden durch den Film »Il Postino« (»Der Postmann«).

Stromboli
Spiaggia di Ficogrande ■ E 2, S. 109
Vor dem Hotel La Sirenetta erstreckt sich ein breiter Familienstrand mit schwarzem Sand und Kies, ein ideales Baugelände für Sandburgen.

Spiaggia di Piscità ■ D 1, S. 109
Feiner schwarzer Sand zwischen bizarren Felsen und Blick auf den Strombolicchio am Ortsende des hübschen Inseldorfes Piscità.

6

Spiaggia di Scari ■ E 2, S. 109
Lang gezogener, einsam gelegener schwarzer Sandstrand südlich des Bootsanlegers. Morgensonne und am Nachmittag kühler Schatten.

Vulcano
Baia Porto di Ponente ■ E 24, S. 119
Ideal mit Kindern: feiner, schwarzer Vulkansand und sanft abfallender Meeresboden an weit geschwungener, nach Westen geöffneter Bucht. Im Sommer allerdings oft überfüllt.

Punta del Asino und Punta Bandiera
■ E 28, S. 121 und ■ F 28, S. 121
Kurz vor Gelso zweigen bezeichnete Zufahrtswege zu zwei schönen Buchten im Süden der Insel ab. Zu Fuß steigt man zu den schwarzen Sandstränden hinab. Linienbusse fahren nur im Sommer bis Gelso, die Alternative: in Porto di Levante einen Motorroller mieten (→ S. 69).

Zu Fuß lernt man die Inseln am besten kennen. Von den Gipfeln der Vulkane genießt man eine himmelweite Aussicht und den Blick in den Höllenschlund der Krater.

Lipari, die größte Insel des Archipels, lädt zu Ausflügen mit der Vespa ein. Eine Inselrundfahrt finden Sie ab S. 78 beschrieben.

Lipari ist eine Zeitmaschine – in einem Tag reist man durch die Jahrtausende

Bei der Ankunft im Fährhafen von Lipari fühlt man sich sofort zu Hause. Ein gemütliches Städtchen, dessen Grundriss sich schnell erschließt. Kleine, sorgfältig gepflegte Häuser, die man mühelos datieren kann: Älter als dreihundert Jahre scheint keines zu sein. Gut, da ist der Burgberg, auf dem die Griechen in der Antike ihre Akropolis errichteten, aber schon nach wenigen Schritten erreicht man die Stadtgrenze. Dann liegt da unberührtes Bergland, sanfte Kuppen, nur spärlich gesprenkelt von Weilern, dort, wo Hochebenen die Landwirtschaft zulassen. Man sieht es der Insel nicht an, wie die Liparoten sich an ihr abgearbeitet haben. Eingriffe in die Landschaft entdeckt man oft nur beim genauen Hingucken, und dann wirken sie wie selbstverständlich. Selbst der hunderte Meter hohe Tagebau am Monte Pilato, wo der Bimsstein gebrochen wird, ist ein Naturschauspiel, keine Industrielandschaft. Wo die Landwirtschaft aufgegeben wurde, erobert sich dichte Macchia die Flächen zurück. Bei einer Rundfahrt überwältigt diese geschaffene und gewachsene Vielfalt, der ständige Wechsel zwischen Natur und Kultur – und natürlich, immer wieder die Ausblicke auf die anderen Inseln.

Lipari ○

Auch wenn Lipari bergig ist: Das **motorino** schafft selbst die steilsten Hänge. Wadenstarke mieten sich ein Mountainbike, Faule nehmen sich ein Taxi. Die Linienbusse von URSO fahren nur von Anfang Juli bis Ende September ganz um die Insel, während der restlichen Monate enden die Fahrten in Acquacalda bzw. Quattropani. Einige Fahrzeugvermieter in **Lipari** haben ihren Sitz an der **Marina Lunga**, nördlich des Burgberges. Damit ist man auch schon am Ausgangspunkt der Route, die an der Küste um die ganze Insel führt. Die große

Marina Lunga ✳
Porto Pignataro

Bucht, in der die Fähren anlegen, schließt im Norden mit einem mächtigen Felsvorsprung ab, der zugleich auch den Yachthafen **Porto Pignataro** beschützt.

N ach dem Tunnel beginnt die Landstraße nach Canneto. Aber wir nehmen erst einmal den Abzweig in die Berge Richtung Pirrera. Bei den ersten Häusern von **Canneto** geht es an einer Gabelung links bergauf durch lackgrüne Macchiabüsche und hohe Farne. Immer höher schraubt sich die Straße, zuletzt über enge Haarnadelkurven, bis zu dem Abzweig rechts nach Pirrera. Die bis jetzt ganz passable Straße wird nun eng und ist voller Schlaglöcher. In **Pirrera** scheint die Zeit stehen geblieben zu sein. Wir lassen die Kirche links liegen und folgen der Straße weiter bergauf nach rechts. Die **Forgia Vecchia** ist mit einem gelben Pfeil ausgeschildert. Wir erreichen sie über eine gepflasterte Straße. Die »alte Schmelze« ist ein erloschener Krater, den die Macchia im Lauf der Jahrtausende in ein verwunschenes Tal verwandelt hat. Hier ist nichts zu hören, außer dem Zwitschern der Vögel und dem Summen von Insekten, und es duftet intensiv nach Kräutern und Harz. Am Nordrand des Kraters ist eine Aussichtsplattform angelegt, zu deren Füßen eine teilweise bewaldete Lavazunge bis zum Meer abfällt. Das ist der Obsidianfluss, der in der Steinzeit abgebaut wurde und messerscharfe Klingen und Pfeilspitzen lieferte. Von hier aus überblickt man nicht nur die Bucht von Canneto, sondern hat auch **Stromboli** und **Panarea** und bei klarem Wetter sogar die Nordküste Siziliens vor Augen.

A uf dem gleichen Weg zurück setzen wir die Fahrt fort nach **Canneto**. Die Ortszufahrt zweigt nach rechts ab und führt auf die Uferpromenade zu. Rechts liegt der kleine Bootshafen, wo der letzte Bootsbauer der Liparischen Inseln zu Hause ist. In der Ein-Mann-Werft werden die traditionellen Fischerboote immer noch aus Holz gebaut. Vor dem ehemaligen Fischerort erstreckt sich ein langer Sandstrand. Nach einem Spaziergang zu der nördlich gelegenen **Spiaggia della Papesca** und einem erfrischenden Bad kann es weitergehen. Die Land-

Marina Lunga
Porto Pignataro

7 km

Pirrera

Forgia Vecchia

7 km

Canneto
Monte Pilato

79

Canneto

1,5 km

Monte Pilato

7 km

Porticello

4,5 km

Acquacalda

1,5 km

Punta del
Legno Nero

4 km

Quattropani

1,5 km

Chiesa Vecchia

Cave di Caolino

straße führt auf halber Höhe die Steilküste entlang in Richtung Acquacalda.

Hinter dem Ortsausgang von Canneto geht ein Feldweg rechts ab, ein idealer Stopp, um sich den Ausblick auf den **Monte Pilato** (Kahler Berg) zu gönnen. Die offene Flanke des Bimssteinberges gleißt unter der Sonne, winzig scheinen die Förderanlagen und das Fließband, das 150 Meter ins Meer führt, um die Frachtschiffe zu beladen. Wer den Abbau des Bimssteins aus der Nähe sehen will, macht den Abstecher hinunter nach **Porticello**. Zwar darf der Abraum seit einigen Jahren nicht mehr ins Meer gekippt werden, doch noch immer strahlt der weiße Sand durchs glasklare Wasser und färbt die ganze Bucht türkis. Die ungeschützten Bergarbeiter früherer Zeiten haben über diese Schönheit sicher hinweggesehen. Der Bimsstein brachte ihnen Verdienst, ruinierte aber ihre Gesundheit. Feinster Staub verklebte im Lauf der Jahre ihre Bronchien, die Lunge verhärtete – das Phänomen ist vergleichbar mit der Silikose und führt zum langsamen, qualvollen Ersticken. Wir fahren dann langsam weiter Richtung Norden. In der linken Böschung kann man kürbisgroße Obsidianbrocken entdecken.

Den einsamen Strand von **Acquacalda** bedeckt schwarzes Geröll, mächtige Wellenbrecher wurden ins Meer gebaut, um die kleine Förderanlage zu schützen, die hier längst nicht mehr in Betrieb ist. Fast ausgestorben wirkt der Ort. Nur im Café »Aurora« ist immer jemand anzutreffen. Vielleicht weil es hier eine so gute Granita gibt? Vorbei an tiefen grünen Schluchten, Gräben zwischen Lavazungen, geht es weiter nach Westen, Richtung Quattropani. Unterwegs liegt der Aussichtspunkt **Punta del Legno Nero**, ein kleiner Parkplatz, von dem aus Salina, Panarea und Stromboli uns zu Füßen liegen. Am Ortseingang von **Quattropani** biegen wir scharf nach links und fahren steil bergauf, denn wir wollen zur **Chiesa Vecchia**. In 350 Meter Höhe liegt die kleine Wallfahrtskirche mit Rundblick über den Archipel. Um von Lipari-Stadt direkt nach Quattropani zu gelangen, muss man die Insel überqueren, was zu Fuß oder mit dem Esel früher ein Weilchen dauerte. Als Proviant nahm man vier Brote mit: »quattro pani«. Und auch wir haben uns ein stärkendes Mahl, im »A Menza Quartar« zum Beispiel, redlich verdient.

Am Ortsausgang von Quattropani weist ein Schild nach rechts zu den **Cave di Caolino**, den mittlerweile verwaisten Kaolin-Gruben an der Westküste. Die griechischen Vasen im Archäologischen Museum von Lipari verdanken diesem Kaolin ihre Farbenpracht. Der Abstecher lohnt sich: rosa Tuffsteinfelsen, von schwefelgelben und weißen Schichten durchzogen, vor dem Panorama von Salina, Filicudi und Alicudi. Jetzt fahren wir über Madoro zügig nach **Pianoconte** und gelangen so auf eine intensiv bewirtschaftete Hochebene. Am südlichen Ortsende zweigen wir rechts ab zu den **Terme di San Calogero**. Am Ende der Straße entdecken wir das klassizistische Kurhaus. Aber das ist nicht unser eigentliches Ziel. Vor bald 20 Jahren begann man mit der Renovierung der Anlage. Dabei kam in unmittelbarer Nachbarschaft ein urtümlicher Kuppelbau ans Licht, zu dem eine steinerne Rinne das Wasser der heißen Quelle führte. Archäologen untersuchten und prüften, dann verkündeten sie: »Die Anlage ist 5500 Jahre alt, die Bautechnik mykenisch. Die Terme di San Calogero ist

✶ **Chiesa Vecchia**

2 km

✶ **Cave di Caolino**

10 km

○ **Pianoconte**

4,5 km

✶ **Terme di San Calogero**

Imposant erhebt sich der Burgberg über das Häusermeer von Lipari-Stadt (→ S. 36).

die älteste erhaltene Thermalanlage der Welt.«
Noch bis vor wenigen Jahrzehnten nutzten die Inselbewohner die heilkräftige Wirkung der Thermalquelle. Die neuzeitliche Anlage ist inzwischen renoviert, bleibt aber auf nicht absehbare Zeit geschlossen. Wer möchte, klettert über den schmiedeeisernen Gartenzaun und besichtigt die antike »tholos« im Vorhof. Im Anschluss können wir uns die Beine etwas vertreten und folgen, vorbei an den neuen Thermen, der Betonpiste, die bald von einem breiten Schotterweg abgelöst wird, bergab in Richtung Meer. Vorne öffnet sich ein weiter Blick auf die Inseln im Westen.

Zurück auf der Straße von Quattropani nach Lipari fahren wir dem **Belvedere di Quattrocchi** entgegen, was übersetzt »Vier Augen« bedeutet. Der Ausblick ist so schön, dass man vier Augen braucht, um alles aufzunehmen, sagen die Liparoten. Tief unter uns liegt die Westküste der Insel mit ihren bizarren Felsspitzen im Meer, den **Faraglioni**. Die Insel Vulcano scheint fast ein Anhängsel von Lipari zu sein, man glaubt beinahe dem dampfenden Gran Cratere in den Schlund zu sehen. Weit hinten zeichnet sich die Küste Siziliens ab. Die Nachmittagssonne vergoldet die **Spiaggia Valle Muria**, und wir folgen der Verlockung und steigen die Schlucht hinunter auf ein letztes Bad, schon um die vulkanischen Gase aus dem Meeresboden blubbern zu sehen.

Die Rundfahrt nähert sich jetzt ihrem krönenden Abschluss. Die Landstraße schwenkt noch einmal in weitem Bogen landeinwärts, ein kurzer Blick auf die hübsche **Chiesa dell'Annunciazione** am linken Straßenrand, dann senkt sie sich erst allmählich, später immer steiler in die Bucht von **Lipari**. Tief unter uns liegt die stolze Herrin der Jahrtausende: der **Burgberg**, auf dem sich schon die Menschen der Steinzeit verschanzten, und darunter als bunter Fächer die Stadt, die um die Burg gewachsen ist, Schicht um Schicht auf dem immer gleichen Boden. Liparis Häuser stehen auf den Fundamenten der Urzeit. Bei der Einfahrt in die Stadt fühlen wir den Atem der Geschichte.

Belvedere di Quattrocchi

3 km

Spiaggia Valle Muria

4,5 km

Chiesa dell' Annunciazione

Lipari

Dauer: Tagesausflug; **Karte:** → S. 116–119

Gran Cratere auf Vulcano

Trotz seiner geringen Höhe von knapp 400 Metern bietet der Gran Cratere einen atemberaubend schönen Blick über den gesamten Archipel. Dem dampfenden Vulkanschlund kann man jederzeit auf den Grund blicken. Aus Spalten dringen überhitzter Wasserdampf, Schwefeldioxid und, wie wir deutlich riechen werden, Schwefelwasserstoff. In seltsamem Widerstreit stehen dazu der Duft und die Farbe des im Frühsommer gelb blühenden Ginsters. Eine kleine Warnung: Die austretenden Dämpfe am Kraterrand sind sehr heiß – also mit Vorsicht nähern und nicht allzu lange dort verweilen! Vulkanologen, die sich länger im Bereich der Fumarolen aufhalten, tragen Atemmasken. Auch sollte man sich nicht dort hinsetzen, wo der Boden gelb verfärbt ist. Die schwefeligen Ablagerungen bilden mit Wasser eine leichte Schwefelsäure, die das Gewebe angreift. Im mittleren Abschnitt ist der Weg etwas ausgewaschen, und es gibt keinen Schatten unterwegs!

An klaren Tagen reicht die Sicht bis zum Ätna auf Sizilien.

Aus dem **Porto di Levante**, wo die Tragflügelboote und Fähren anlegen, folgen wir der asphaltierten Straße einige hundert Meter in Richtung Piano, vorbei an der Bar »Ritrovo Remiggio«, einem kleinen Supermarkt und einigen Ferienhäusern. An einer einzeln stehenden, großen Schirmpinie zweigt links der bezeichnete Fußweg zum Krater ab. Zwischen Ginsterbüschen steigt der Pfad über schwarzen Sand und Lavaschlacke in Spitzkehren an. Nach der zweiten Spitzkehre beginnt der Weg durch ausgewaschene rote Tone zu führen, und bald haben wir die ersten Fumarolen erreicht. Eine breite Wegspur führt rechts zum Kraterrand hoch. Die großen Lavabrocken am Wegesrand, so genannte Brotkrustenbomben, wurden bei den Ausbrüchen 1888 bis 1890 durch die Luft geschleudert.

Vermeidet man den Aufstieg um die Mittagszeit, ist die Wanderung auf den Gran Cratere wenig schweißtreibend.

1888 bis 1890 ist der Gran Cratere zum vorläufig letzten Mal ausgebrochen.

Links liegt die Zone der aktivsten Fumarolen. Es empfiehlt sich, den **Kraterrand** nach rechts,

Wie auf jeder Wanderung ist gutes Schuhwerk selbstverständlich, etwas zum Trinken auch.

gegen den Uhrzeigersinn, abzuwandern, bis wir den mit 391 Meter höchsten Punkt erreicht haben. Im Westen erhebt sich spitz der 481 Meter hohe **Monte Saraceno,** im Süden liegt die grüne, fruchtbare Hochebene von **Piano.** Auf dem gleichen Weg gelangen wir in weniger als einer Stunde zurück ans Meer. Wer es noch nicht weiß, im »Ritrovo Remigio« gibt es köstlich erfrischende Granita.

Zur Entspannung geht es nach der Wanderung in den warmen Schwefelschlamm am Fuße des Faraglione della Fabbrica. Achtung, die Schwefelschlammquellen erreichen Temperaturen von 35–52 °C. In wenigen Minuten ist auch die schöne Sandbucht am Porto di Ponente erreicht, wo man sich im Meer den Schlamm vom Körper waschen kann. Badeschuhe sind empfehlenswert.

Reizvoll – die dampfenden Schwefelspalten auf dem Gran Cratere. Allzu lange sollte man sich den Gasen jedoch nicht aussetzen.

Dauer: Reine Gehzeit 2 bis 2 1/2 Stunden; **Höhenunterschied:** 390 Meter; **Karte:** → S. 120

Höchstes Gipfelglück auf Salina

Der 962 Meter hohe **Monte Fossa delle Felci**, einer der beiden Vulkankegel, die der Insel Salina ihr markantes Profil verleihen, ist zugleich die höchste Erhebung des äolischen Archipels. Die anspruchsvolle, aber sehr reizvolle Wanderung führt uns aus dem Hauptort **S. Marina Salina** teils über viele Stufen, im Schatten hoher Macchia und aufgeforsteter Wälder bis auf den Monte Fossa. In der Gipfelregion sehen wir ab und zu Mäusebussarde kreisen, mit bis zu 130 Zentimeter Flügelspannweite der größte auf den Inseln nistende Raubvogel. Mit etwas Glück kann man auch die akrobatischen Eleonorenfalken beim Jagen beobachten.

Mit etwas Glück findet sich auf der Insel ein Faltblatt mit 13 Wandervorschlägen: »Le montagne delle Felci e dei Porri«. Hotels halten es meist für ihre Gäste bereit.

Der Abstieg führt über **Val di Chiesa** bis zum Hafen von **Rinella**. Hier halten auch Linienbusse der CITIS. Eine kürzere Aufstiegsvariante erfolgt vom 313 Meter hoch gelegenen Val di Chiesa, hier halten ebenfalls die Busse der CITIS. Vom Abstieg nach S. Marina Salina ist abzuraten, der Weg ist zu steil. Ein anderer sehr schöner Weg verbindet Malfa mit dem Monte Fossa. Beschwerlich als Ab- wie Aufstieg ist die Route aus bzw. nach Lingua. Alle Wege sind im Gelände markiert.

In **S. Marina Salina** geht es erst das kurze Stück geradeaus bis zum Hauptcorso. Der Via Risorgimento folgen wir anschließend nach rechts. Hier finden sich etliche gut sortierte Lebensmittelläden, für den Picknickproviant ist also gesorgt. Auf der Höhe der Alimentari »Carpe Diem« biegen wir links in die Via F. Crispi ein. Die Straße führt, vorbei an Wein- und Obstgärten, direkt auf den Berg zu. Etwa 200 Meter hinter der Ortsumgehungsstraße biegen wir auf Höhe der Hausnummer 36 rechts ab, dabei einem grünen Holzschild mit der Aufschrift »Monte Fossa« folgend.

Im Hafenstädtchen S. Marina Salina kann man sich bestens mit Proviant für den Gipfelsturm eindecken.

Der Weg steigt über steile Stufen an, und schnell bleibt der Ort im Rücken zurück, während uns die duftende Macchia umfängt. Der Pfad zieht sich

Die Erdbeerbäume (Arbutus unedo) sind im Herbst mit leuchtend roten, essbaren Früchten behangen.

oberhalb des **Vallone di Batana** auf einem erstarrten Lavafluss entlang. Linker Hand ist der Leuchtturm von Lingua zu sehen, der die südöstlichste Spitze Salinas markiert. Weiter im Süden, jenseits des Canale di Salina, leuchten die weißen Bimssteinhänge von Lipari.

An einer ersten Weggabelung, nach etwa 45 Minuten, geht es auf dem rechts über Treppenstufen ansteigenden Weg weiter hoch. Vorne erhebt sich der Gipfel des Monte Fossa, häufig in Dunst gehüllt. Von unten stoßen wir auf einen querenden Weg und folgen dem Hinweisschild nach links. Auf dem Grat steigt der Weg jetzt flacher an. Eindrucksvoll sind zur Rechten die vom **Vallone del Castagno** angeschnittenen schwarzen und roten Lavaschichten zu sehen. An der nächsten Weggabelung weisen Schilder links wie rechts zum Monte Fossa. Viel angenehmer ist der Weg, der sich nach rechts fortsetzt und dabei das Vallone del Castagno quert. Etwa eine Stunde geht es im Schatten hoher Macchia weiter bergauf, erst über steil ansteigende Stufen, dann in flach gezogenen Serpentinen. Aus einem Kastanienwald treten wir auf eine breite Forststraße, folgen ihr nach links, um kurz darauf auf einem Sattel auf eine Kreuzung zu treffen. Eine breite Brandschutzschneise zieht sich hier vom **Monte Rivi** zum **Monte Fossa**. Geradeaus setzt sich die Forststraße Richtung Val di Chiesa ins Tal fort, nach links führt eine Piste zum Monte Fossa hoch.

Seit 1984 stehen weite Teile der Insel unter Naturschutz.

Schneller geht es über die Brandschutzschneise, auf der wir zielsicher aufsteigen. Am Gipfelkreuz angekommen, folgen wir dem Kraterrand noch einige hundert Meter in südwestlicher Richtung, um uns zwischen großen Lavabrocken einen schönen, windgeschützten Rastplatz zu suchen. Hier können wir eine unvergleichliche Aussicht auf den Zwillingsgipfel **Monte dei Porri** sowie die Nachbarinseln **Filicudi** und **Alicudi** genießen.

Salina trug noch bis ins Mittelalter den antiken Namen Didyme, die Zwillingsgipfelige.

Nach der wohl verdienten Gipfelrast und vielleicht einem kleinen Picknick geht es über die Schneise wieder auf den Sattel hinab. Hier biegen wir links auf die Forststraße, dem Schild »Val di Chiesa« folgend, und erreichen nach etwas über einer Stunde die Wallfahrtskirche Madonna del Terzito im Tal von **Val di Chiesa**. Dabei können wir entweder dem Verlauf der Forststraße folgen oder unterwegs auf den bezeichneten Treppenweg abbiegen. Oberhalb der Kirche treffen die beiden Wege wieder zusammen. In Val di Chiesa angekommen, geht es gegen den Uhrzeigersinn um die Kirche und weiter auf dem anfänglich zementierten Weg, der in Südrichtung bis Leni führt. Am Ortseingang von **Leni** setzt sich der Weg in Richtung Rinella geradeaus fort, rechts von einem Wassergraben begleitet. Einem weiteren Hinweisschild folgend, steigen wir auf einem breiten, steingepflasterten Weg zum Meer hin ab, folgen dann ein kurzes Stück der Asphaltstraße bis zu den ersten Häusern von **Rinella**. Schmale Gassen führen uns durch den Ort zum Hafen und in eine der Bars. Die Bucht von Rinella lädt zu einem erfrischenden Bad ein. In etwa 25 Minuten kann man vom Hotel »L'Ariana« auch die Pra Venezia, einen einsamen Steinstrand, erreichen. Vorbei am Campingplatz folgt man dem Steilküstenpfad, bis sich eine Möglichkeit bietet, zum Meer abzusteigen.

Wohl verdiente Abkühlung: eine Granita in der Hafenbar von Rinella oder ein Bad an der Pra Venezia.

Dauer: Reine Gehzeit 5 Stunden; **Höhenunterschied:** 962 Meter; **Proviant:** In S. Marina Salina kann man für ein Picknick einkaufen; **Karte:** → S. 114/115

Der kleine Fischerhafen von Lingua wirkt außerhalb der Saison verträumt.

Aktive Krater auf dem Stromboli

Sicher zum Feuer-schlund – empfeh-lenswert ist der Aufstieg mit autori-sierten Bergführern.

Anstrengend, aber sehr lohnend ist die Bestei-gung des aktivsten Vulkans Europas. Eine gute Bergausrüstung, ein T-Shirt zum Wechseln, ausreichend Trinkwasser und eine Taschenlampe gehören zur Grundausrüstung. Nach offiziellen Vorschriften ist der Aufstieg in den Kraterbereich nur in Begleitung autorisierter Bergführer erlaubt, die ihre zahlenden Gäste mit Schutzhelmen aus-statten. Mit der Regelung will sich die Kommune Li-pari jeder Haftung entbinden, und auch Versiche-rungen dürften sich im Schadensfall auf das Verbot berufen und Zahlungen verweigern. Bei Dunkelheit ohne Ortskenntnis oder Bergführer vom Gipfel abzusteigen ist ohnehin gefährlicher Leichtsinn.

Das Spektakel der Vulkan-Eruptionen kann man am Abend im »L'Osservatorio« bei Pizza und Wein aus sicherer Entfer-nung genießen und muss dabei keinen Tropfen Schweiß vergießen.

Vor der Tour sollte man sich im Ort auf jeden Fall nach der aktuellen Vulkanaktivität und Wetter-lage erkundigen. Bei normaler Aktivität brechen die Gipfelkrater mehrmals pro Stunde aus, und glühende Gesteinsbrocken werden von den Gas-explosionen bis in 200 Meter Höhe gerissen. Lange Ruhephasen künden manchmal heftigere Eruptionen an. Der Stromboli unterliegt ständiger wissenschaftlicher Beobachtung und wird bei drohender Gefahr gesperrt. Das kommt etwa ein-mal im Jahr vor.

In Piscità stehen noch einige schöne Häuser, die Anfang des 20. Jh. Handels-herren und Kapitäne erbauen ließen.

Von der zentralen Piazza S. Vincenzo in Strom-boli folgen wir der Via V. Emanuele in Richtung S. Bartolo, vorbei am roten Ingrid-Bergman-Haus. Hinter der Kirche S. Bartolo schwenkt die Straße als Via Riposto in Richtung Meer. An der Kreuzung biegen wir, dem Hinweisschild der Pizzeria »L'Os-servatorio« folgend, links in die Via Cincotta ab. Zwischen weiß gekalkten, kubusförmigen Häusern geht es durch den hübschen Ortsteil **Piscità**.

Bild S. 89: In der Regel bricht der Stromboli mehr-mals stündlich mit Riesengetöne aus. Nachts zeichnen die ausgeworfenen La-vabrocken glühende Parabeln in die Luft.

Vom Ortsende führt ein steingepflasterter Maultierpfad in Serpentinen bergauf, vorbei an Gärten, duftender Macchia und den ersten Schilf-feldern. Der fahrspurbreite Weg endet am ehe-maligen Marineobservatorium oberhalb der **Punta Labronzo**.

Immer wieder bebt der Boden bei den Ausbrüchen, die im Abstand von 15–30 Minuten erfolgen.

Der Weg zu den Gipfelkratern zweigt etwa 100 Meter vor der Pizzeria links ab, führt anfänglich durch das hohe Schilf und beginnt alsbald in Serpentinen anzusteigen. Nach etwa 30 Minuten endet der gepflasterte Teil des Pfades in einer Spitzkehre auf 270 Meter Höhe. Hier können wir verschnaufen und dabei den ersten freien Blick auf die Lavarutsche **Sciara del Fuoco** und den untersten der aktiven Krater genießen. Ab hier steigt der Pfad ungepflastert weiter an. Die Spitzkehren zur Rechten bieten immer wieder großartige Blicke auf die Sciara und den Krater, zur Linken sehen wir bis Piscità hinab. Der Weg zieht sich dann steil hoch über einen erstarrten rötlichen Lavafluss. Die Idealroute ist auf dem Fels mit verwaschenen weißroten Farbzeichen markiert und führt schräg nach links, bis man erneut auf den Serpentinenpfad trifft. Etwas später erreichen wir den aus schwarzem Sand und Schlacken aufgebauten Grat, von dem aus man gut auf die aktiven Krater blicken kann. Im letzten Anstieg bis zum Pizzo folgen wir dem Grat, der unter keinen Umständen seitlich verlassen werden darf! Der Grat führt zunächst in Südrichtung steil hoch, verläuft dann flacher und schwenkt nach Westen auf den Pizzo zu. Zur Rechten blicken wir auf die Krater, zur Linken auf das steile Sandfeld **Rina Grande**, durch das später unser Abstieg erfolgen wird.

Nicht nur »Feuerwerk«: Auch der weite Blick über den gesamten Archipel ist ein lohnendes Spektakel.

Vom 918 Meter hohen **Pizzo** sehen wir direkt in die Höllenschlünde der drei aktiven Strombolikrater. Ein Spektakel, das man so schnell nicht vergessen wird. Auf keinen Fall darf man sich näher an die Krater wagen! Die Bergführer achten zu Recht darauf, dass ihre Gäste nicht länger als etwa eine Stunde im Gipfelbereich verweilen.

Mit Riesenschritten über ein Sandfeld bergab.

In der Dunkelheit zurück zur Punta Labronzo absteigen ist keinesweg ratsam. Viel zu schnell kann man sich einen Knöchel auf den steilen Stufen verstauchen. Die ortskundigen Bergführer wählen daher den schnellen und sicheren Abstieg über die **Rina Grande**. Vom Pizzo aus folgen wir zunächst einer in Südrichtung absteigenden Wegspur in das Tal zwischen dem Pizzo und den 924 Meter hohen **Vancori**. Nach wenigen Minuten ist ein Sattel am östlichen Talausgang erreicht, die **Portella le Croci**. Hier beginnt der eigentliche Abstieg zurück in den Ort. Über das große, in Ostrichtung abfallende Sandfeld geht es mit Riesenschritten rasch bergab. Unterwegs biegt rechts eine Spur zur Forgia Vecchia ab. Achtung, hier geht geradeaus weiter, dabei halten wir auf die Mole von Scari zu! Jetzt gilt es auf die **Rocazza** zu achten, einen roten Lavablock im schwarzen Sandfeld.

Nach der Rocazza beschreibt die Wegspur einen Linksbogen, quert leicht absteigend den Hang und überschreitet bei einer Felsengruppe einen Grat. Der Ort kommt erneut zum Vorschein. Ohne weiter an Höhe zu verlieren, queren wir den Hang in Nordrichtung und folgen dabei der deutlichsten Spur. Der Weg führt im Wesentlichen oberhalb der Schilfzone durch schwarze Sandfelder und überschreitet unterwegs einige niedrige Lavarücken. Erst wenn wir in einer Linie über das Observatorium hinweg die Kirche S. Vincenzo, die Mole von Ficogrande und das Felseiland **Strombolicchio** sehen, beginnen wir nach rechts abzusteigen.

Zivilisation in Sicht. Der Leuchtturm auf dem Strombolicchio weist den Weg.

In engen Serpentinen geht es durch das hohe Schilf bergab. Stellenweise hat sich der Weg hohlwegartig eingetieft. Unterwegs sind verblasste, weiße Farbmarkierungen zu erkennen, und parallel zum Pfad zieht sich ein Messkabel hinunter. Schließlich treffen wir von oben auf einen zementierten Weg, die Via Natoli, die direkt auf die Kirche S. Vincenzo zuführt. Kurz darauf ist die Piazza S. Vincenzo wieder erreicht – Zeit, den Sand aus den Schuhen zu schütten.

In der Bar »Ingrid« gibt es die wohl verdiente Erfrischung.

Dauer: Reine Gehzeit 4–5 Stunden; **Höhenunterschied:** 918 Meter; **Proviant:** Im Ort kann für ein Picknick eingekauft werden, Pizza und Wein gibt es im »L'Osservatorio«, Tel. 0 90 98 60 13; **Bergführer:** »Guide al Cratere«, Piazza San Vincenzo, Tel. 0 90 98 62 11, www.netnet.it/agaistromboli; **Kosten:** Die Besteigung des Stromboli in einer geführten Gruppe kostet ca. 20 € pro Person; **Internet:** → S. 99; **Karte:** → S. 108/109

Von Anreise bis Zoll: Hier finden

Sie nützliche Informationen und Tipps, die das Reisen auf den Liparischen Inseln zum Vergnügen machen.

Reisende versammeln sich in Stromboli auf der Mole von Scari – mit der Fähre geht es weiter zum nächsten Inselabenteuer.

Anreise

Der Plan, auf den Liparischen Inseln einen Flughafen zu errichten, ist der Wunschtraum einiger Lokalpolitiker, wird aber glücklicherweise nie realisiert werden. Die etwas umständliche Anreise hat auch Vorteile: Der äolische Archipel behält auf absehbare Zeit seine splendid isolation.

Mit dem Auto

Es spricht wenig dafür, mit dem eigenen Fahrzeug anzureisen, möchte man den Urlaub ausschließlich auf den Inseln verbringen. Die Anfahrt ist lange und wird durch Autobahngebühren und hohe italienische Benzinpreise verteuert, hinzu kommen die Kosten für die Fährpassagen. Auf den Inseln verfügen lediglich Filicudi, Lipari, Salina und Vulcano über einige Kilometer asphaltierter Straße. Die Mitnahme eigener Motorfahrzeuge ist in den Sommermonaten reglementiert, eine Buchungsbestätigung von mindestens einer Woche muss nachgewiesen werden. Auf Lipari, Salina und Vulcano ist die Fortbewegung mit öffentlichen Bussen bestens organisiert. Die Entfernungen auf den anderen Inseln sind gering und können zu Fuß zurückgelegt werden. Die meisten Inselhotels übernehmen für ihre Gäste den Gepäcktransport.

Reist man mit dem eigenen Auto und möchte den Inseln unterwegs nur einen Besuch abstatten, empfiehlt es sich, das Fahrzeug in einer bewachten Garage an Land zurückzulassen, in Neapel z.B. Autosilo Brin (Via B. Brin, Tel. 08 17 63 28 27, 08 17 63 28 55. Großparkplatz in Hafennähe, von der Ringautobahn Ausfahrt »Porto« 6 € pro Tag) oder Sannazzaro (Piazza Sannazzaro 142, Tel. 0 81 68 14 37. Nähe Mergellina, 15 € pro Tag), in Milazzo Garage delle Isole (Via S. Paolino 66, Tel. 09 09 28 85 85. Hafennähe, 8 € pro Tag).

Mit der Bahn

Zwischen München und Neapel verkehrt täglich ein durchgehender Nachtzug mit Schlaf- und Liegewagen. Rechtzeitig reservieren! In Rom bzw. Neapel kann man auch in den Zug nach Messina umsteigen. Aus der Schweiz fahren schnelle Pendolino-Züge nach Mailand. Hier steigt man um in den Zug nach Neapel bzw. Messina.

Von Neapel setzen das ganze Jahr über Fähren und im Sommer auch Tragflügelboote auf die Liparischen Inseln über. Ab Messina verkehren Tragflügelboote. Die besten Fährverbindungen bestehen aus Milazzo, von Catania und Messina mit Bahn oder Bus zu erreichen.

Mit dem Flugzeug

Relativ verkehrsgünstig liegen die Flughäfen von Neapel und Catania. Mit Zwischenstopps in Mailand oder Rom werden sie von der Alitalia (www.alitalia.it) mehrmals täglich im Liniendienst angeflogen. Die Lufthansa (www.lufthansa.com) bietet aus Frankfurt a. M. und München Direktflüge an. Von Ostern bis Herbst bestehen gute Charterverbindungen aus Deutschland, Österreich und der Schweiz nach Catania und Neapel. Reisebüros oder Websites informieren über Flugpläne und Tarife. Achtung: Die Flugzeiten müssen auf die Fahrpläne der Fähren, Tragflügelboote bzw. der zwischen Catania und Milazzo fahrenden Linienbusse abgestimmt sein, möchte man eine Zwischenübernachtung vermeiden!

Der Flughafen von **Neapel** liegt zentrumsnah. Linienbusse fahren zur Piazza Municipio, Nähe Stazione Marittima (Fähren der SIREMAR). Den Molo Mergellina (Tragflügelboote der SNAV) erreicht man am besten mit einem Taxi, kann aber auch mit der Metro zum Bahnhof Mergellina fahren und ab hier einen Bus nehmen. Vom Flughafen **Catania** fahren mehr-

mals täglich Busse der SAIS nach
Messina (Piazza della Repubblica 6,
Tel. 0 90 77 19 14). Zwischen Mes-
sina und Milazzo-Hafen verkehren
Mo–Fr beinahe stündlich, So und
Fei etwa viermal täglich Busse der
GIUNTABUS. Die Busse halten in
Messina in Hafen- und Bahnhofs-
nähe (Via Terranova 8, Tel.
0 90 67 37 82, 0 90 67 57 49, www.
giuntabus.it). Von Anfang April bis
Ende September unterhält GIUNTA-
BUS eine direkte Verbindung zwi-
schen dem Flughafen Catania und
dem Fährhafen Milazzo (ab Catania
16 Uhr, ab Milazzo 8.30 Uhr).

Mit Fähren und Tragflügelbooten
Da die Inseln keinen Flughafen besit-
zen, erfolgt der letzte Abschnitt der
Anreise in jedem Fall über See. Dabei
hat man meist die Wahl zwischen
den langsameren **traghetti** (Fähren)
und den doppelt so schnellen, aber
auch doppelt so teuren **aliscafi**
(Tragflügelboote).
   Milazzo an der Nordküste Siziliens ist der Hafen mit den ganzjährig
besten Fährverbindungen. Die Schiffsagenturen liegen in der Via dei Mille
direkt am Hafen: **NGI**, Fähren (Tel.
09 09 28 40 91, www.cormorano.net/
ngi). **SIREMAR**, Fähren und Tragflügelboote (Tel. 09 09 28 32 42). **SNAV**,
Tragflügelboote (Tel. 09 09 28 45 09).
Die letzte Fähre bzw. das letzte Tragflügelboot Richtung Inseln fährt in
Milazzo gegen 18.30 Uhr ab.
   Von **Neapel** aus lassen sich die
Liparen mit der Nachtfähre der SIRE-
MAR erreichen, die in den Wintermonaten zweimal, in den Sommermonaten bis zu sechsmal wöchent-
lich verkehrt. Die Fähren legen gegen
21 Uhr an der Stazione Marittima ab
(Tel. 08 17 20 15 95, 08 15 80 03 40).
Von Anfang Juni bis Ende September
fahren vom Molo Mergellina zusätz-
lich tgl. gegen 14.30 Uhr Tragflügelboote der SNAV Richtung Liparische
Inseln (Tel. 08 17 61 23 48).

🛈 MERIAN-Tipp

**Die Entdeckung der Lang-
samkeit**: Besteht kein
Grund zur Eile, sind die ge-
mächlichen Fähren den schnel-
leren, aber engen und lauten
Tragflügelbooten vorzuziehen.
Auf dem offenen Deck kommt
Kreuzfahrtstimmung auf, und
an der frischen Luft wird man
bei Seegang nicht so schnell
seekrank. Fahrpläne liegen in
den Schiffsagenturen aus, finden sich in Tageszeitungen und
im Web.
   Bläst der Südwind Scirocco,
ist auf die Fahrpläne allerdings
kein Verlass. Wenn sich auf
dem Meer hohe Wellen auf-
bauen, stellen als Erste die
Aliscafi den Betrieb ein, teilweise laufen selbst die Fähren
die Häfen nicht mehr an. Alicudi und Stromboli bleiben
manchmal tagelang abge-
schnitten. Als relativ sicher gelten die Häfen auf Lipari, Salina
und Vulcano. Bei der Rückreise
sollte man deshalb ein Zeit-
polster einplanen, um z. B. den
Rückflug nicht zu verpassen.
Erkundigen Sie sich rechtzeitig
nach dem Wetter!

Die **SIREMAR** ist im Ausland u. a.
vertreten durch:
Armando Farina
D-60505, Frankfurt a. M.; Postfach
730309; Tel. 0 69/6 66 84 91, Fax 0 69/
6 66 84 77
Avimare
CH-8057 Zürich, Oerlikonstr. 47,
Tel. 01/3 15 80 60, Fax 01/3 15 80 78;
Internet: www.siremar.com,
www.snavali.com.

Auskunft

Das Staatliche Italienische Fremdenverkehrsamt ENIT erteilt außerhalb
Italiens touristische Auskünfte, auf
den Liparischen Inseln informieren
das Fremdenverkehrsamt (AAST) und
das Centro Servizi al Turismo (CST).

ENIT in A, D, CH
Gebührenfreie Servicenummer zur
Prospektbestellung in A, D, CH:
0 08 00 00 48 25 42; Internet: www.enit.it
– Karl-Liebknecht-Str. 34, 10178 Berlin,
  Tel. 0 30/2 47 83 97, Fax 0 30/2 47 83 99,
  enit-berlin@t-online.de
– Kaiserstr. 65, 60329 Frankfurt a. M.,
  Tel. 0 69/23 74 34, Fax 0 69)/23 28 94,
  enit.ffm@t-onlie.de
– Goethestr. 20, 80336 München,
  Tel. 0 89/53 13 17, Fax 0 89/5 345 27,
  enit-muenchen@t-online.de
– Kärntnerring 4, 1010 Wien,
  Tel. 01/5 05 16 30, Fax 01/5 05 02 48,
  delegation.wien@enit.at.
– Uraniastr. 32, 8001 Zürich,
  Tel. 01/2 11 30 31, Fax 01/2 11 38 85,
  enit@bluewin.ch

Auf den Liparischen Inseln
→ S. 40

Estate Eolie
Jedes Jahr erscheint aktuell die gut
gemachte Gratis-Broschüre, prallvoll
mit nützlicher Information und
Werbung. Englisch und Italienisch.

Bevölkerung

Auf den Liparischen Inseln leben
heute etwa 13 000 Menschen, davon
mehr als 8000 auf Lipari. Der Archipel hat im Lauf der Geschichte zahlreiche Invasionen erlebt und wurde
immer wieder durch kriegerische
Handlungen entvölkert. Besonders
einschneidend war das Jahr 1544, in
dem Khair-ad Din Barbarossa fast
die gesamte Bevölkerung in die Sklaverei verschleppt hatte. Auf Befehl

Kaiser Karls V. wurden die Inseln neu
besiedelt. Angelockt durch steuer-
liche Erleichterungen, kamen Siedler
aus Kampanien und Nordsizilien.
Ende des 19. Jh. lebten auf den Inseln
über 21 000 Menschen. Eine Reblaus-
epidemie, die 1889 die Mehrzahl der
Weinberge vernichtet hatte, und die
Wirtschaftskrise Anfang des 20. Jh.
lösten eine Massenemigration Richtung Amerika und Australien aus.
Erst seit den 1970er Jahren ist dank
des wirtschaftlichen Aufschwungs
durch den Tourismus wieder ein
geringes Bevölkerungswachstum zu
verzeichnen.

❗MERIAN-Tipp

Köstliche Kapern Nirgendwo
bekommt man bessere Ka-
pern als auf den Liparen! Die
Knospen des wunderschön blühenden Mittelmeerstrauches
(*Capperis Spinosa*) werden in
Salz eingelegt, so behalten sie
ihr unvergleichliches Aroma.
Für ein paar Euro erhält man sie
pfundweise in allen Lebensmittelgeschäften oder auch von
privat. Je kleiner, desto feiner.
Ihrer Verwendung in der Küche
sind keine Grenzen gesetzt, und
wer sie bislang nur zu Königs-
berger Klopsen kannte, wird
hier einige kulinarische Offen-
barungen erleben. Zu Hause
muss man sie vor ihrer Verwendung nur richtig behandeln und
eine Stunde in Wasser einle-
gen, um das überschüssige
Salz herauszuziehen. Dann gibt
man sie entweder an die Nudel-
soße, oder man mariniert sie in
Olivenöl und Essig, um sie später unter den Salat zu mischen.

Diplomatische Vertretungen

Deutsche Botschaft
Via San Martino della Battaglia 4; 00185
Roma; Tel. 06 49 21 31, Fax 0 64 45 26 72,
Internet www.ambgermania.it
Deutsches Generalkonsulat
Via Crispi 69; 80121 Napoli; Tel.
08 12 48 85 11, Fax 08 17 61 46 87

Österreichische Botschaft
Via Pergolesi 3; 00198 Roma; Tel.
0 68 44 01 41, Fax 0 68 54 32 86
Österreichisches Generalkonsulat
Viale Liegi 32; 00198 Roma; Tel.
0 68 55 28 80, Fax 06 85 35 29 91

Schweizer Botschaft
Via Barnaba Oriani 61; 00197 Roma; Tel.
06 80 95 71, Fax 0 68 08 85 10
Schweizer Generalkonsulat
Via Pergolesi 1; 80122 Napoli; Tel.
08 17 61 43 90, Fax 08 17 61 17 50

Einkaufen

Feinschmecker kommen hier auf
ihre Kosten! Auf den Liparen wird ein
delikater **Dessertwein**, der Malvasia,
produziert. Die Malvasiarebe führten
die Griechen bereits im 6. Jh. v. Chr.
ein. Bekannte Erzeuger des »Götter-
nektars« sind Hauner und Caravaglio
auf Salina. Ein Souvenir, das wenig
oder gar nichts kostet, ist der
schneeweiße **Bimsstein**, der bei Porticello auf Lipari abgebaut wird. Da
er so leicht ist, dass er auf dem Meer
schwimmt, findet man ihn angespült
an allen Stränden der Liparen. Fröh-
lich bunte **Majoliken**, die vielfach
angeboten werden, stammen meist
aus Santo Stefano di Camastra, einem bekannten Keramikort an der
Nordküste Siziliens. Mimmo Belleti
führt zwei gut sortierte Buchhand-
lungen in Lipari-Stadt. Literatur zum
Thema Liparische Inseln findet man
auch bei Totem Trekking auf Stromboli (→ S. 99).

Feiertage

Geschäfte, Büros und Banken bleiben an den gesetzlichen Feiertagen
geschlossen.

1. Jan.	Capodanno/Neujahr
6. Jan.	Epifania/Dreikönigs-fest
Ostermontag	Pasquetta
25. April	La Resistenza/Tag der Befreiung
1. Mai	Festa del lavoro/Tag der Arbeit
2. Juni	Festa della Repubbli-ca/Nationalfeiertag
15. Aug.	Ferragosto/Mariä Himmelfahrt
1. Nov.	Ognisanti/Allerheiligen
8. Dez.	L'Immacolata/Unbe-fleckte Empfängnis
25. Dez.	Natale/Weihnachten
26. Dez.	Santo Stefano/Fest des hl. Stefan

Feste und Festspiele

Januar
Epifania
Auf Filicudi und Salina hat sich der
alte Brauch erhalten, am 6. Januar
eine Statue des Jesuskindes durch
den Ort zu tragen. Die Prozession
zieht von Haus zu Haus.

März
San Giuseppe
Die Festtafeln des San Giuseppe am
19. März dienten in Sizilien ursprünglich der Armenspeisung. Auf Salina
wird in Malfa alljährlich zu Ehren des
Heiligen eine **tavuliata** gedeckt. Jeder
aus dem Ort bringt etwas zum Essen
mit, und alle Anwesenden sind herzlich eingeladen.

März/April
Pasqua
An Palmsonntag, Karfreitag und
Ostersonntag finden auf den Inseln
Umzüge statt.

Mai
Festa di Maggio
Das Centro Studi Eoliani veranstaltet in Lipari (fast) jedes Jahr ein Kulturfest.

Juni
Sagra del Cappero
Auf Salina wird in Pollara am ersten Juni-Wochenende kulinarisch gefeiert – zu Ehren der Kaper.

Juli
Santa Marina
Am 17. Juli feiert Santa Marina Salina seine Patronin mit Umzügen und Wettspielen.

Madonna del Terzito
Am 23. Juli findet auf Salina eine Prozession nach Valdichiesa statt, zu einem der ältesten Marienheiligtümer.

Juli/September
Estate Eoliana/Un mare di cinema
Der Burgberg von Lipari ist eine einzigartige Kulisse für ein Musik-, Theater- und Filmfestival.

August
San Lorenzo
Am 10. August feiert Malfa auf Salina seinen Patron. Das mitternächtliche Feuerwerk stiehlt dem Stromboli ausnahmsweise die Schau.

San Bartolomeo
Zu Ehren von Liparis Schutzpatron wird über der Altstadt am Abend des 24. August ein fulminantes Feuerwerk gezündet.

Oktober
Settimana Enogastronomica Eoliana
Anfang Oktober feiert Salina eine Festwoche des guten Essens und Trinkens.

Fotografieren

Menschen ohne ihre Einwilligung abzulichten verbietet die Höflichkeit, fragt man vorher um Erlaubnis, ergeben sich oft nette Kontakte. Im Archäologischen Museum von Lipari ist das Fotografieren generell verboten. Ein UV- oder Polarisationsfilter gehört in die Fototasche, für Nachtaufnahmen auf dem Stromboli auch ein Stativ. Sicherheitshalber sollte man sich genügend Filme von zu Hause mitnehmen und auf dem Flug ins Handgepäck legen.

Geld

Die Einführung der europäischen Einheitswährung erleichtert manches. Schweizer versorgen sich am besten schon vor Antritt der Reise mit Euro. Denn Banken gibt es nur auf Lipari, Salina und im Sommer auch auf Vulcano. Auf Panarea und Stromboli kann man sich aus EC-Geldautomaten mit Barem versorgen. Das Abheben mit EC-Karte und Geheimnummer am Bancomat ist meist problem-

Nebenkosten in Euro
1 Tasse Kaffee............................0,70
1 Bier 2,50–3,00
1 Cola..............................2,50–3,00
1 Brot (ca. 500 g) 1,00
1 Schachtel Zigaretten......................2,00–3,00
1 Liter Normalbenzin......1,00–1,20
Fahrt mit dem Linienbus (Einzelfahrt)...................1,00–1,50
Vespa, Mietwagen...........ab 25,00

los. Beim Besuch der kleineren Inseln sollte man sicherheitshalber genügend Bargeld mitnehmen. Bessere Hotels und gehobene Restaurants akzeptieren Kreditkarten.

Internet

Net Cafe
Kleines, flott eingerichtetes Internetcafé. Leckere Kleinigkeiten zum Essen. 1 Stunde online 7 €.
Via Garibaldi 61, Lipari-Stadt;
Tel. 09 09 81 35 27, netcafe@tin.it

Totem Trekking ■ E 2, S. 109
Piazza S. Vincenzo, Stromboli,
Tel. 09 09 86 57 52. Netter Bergsportladen mit Internetzugang. April bis Oktober.

Im Buch sind überall, wo es Sinn macht, die Webadressen mit angegeben. Im Folgenden einige zusätzliche Sites:
www.bahn.de, www.fs-on-line.com aktuelle Zugfahrpläne
www.google.de, www.google.it, www.virgilio.it Diese Suchmaschinen liefern die besten Ergebnisse auf die Anfrage »Liparischen Inseln« bzw. »Isole Eolie«.
www.educeth.ch./stromboli/index-d.html Homepage der Schweizer Vulkanologen Jürg Alean und Roberto Carniel. Umfassende Infos zum Stromboli mit spektakulären Fotos von Ausbrüchen. Virtuelle Besteigung des Kraters, aktuelles Wetter abrufbar.
www.estateolie.it Kommerzielles Liparen-Portal mit guten Hintergrundinformationen.
www.portaledelleeolie.it Kommerzielles Liparen-Portal mit vielen reisepraktischen Infos. Zahlreiche Links zu Hotels, Restaurants u.v.m.
www.walksicily.de Aktuelle Ergänzungen zu diesem Reiseführer, Literaturtipps, kommentierte Links u.v.m.

Kleidung

Nicht nur luftige Baumwollkleidung, sondern auch eine Kopfbedeckung als Sonnenschutz sowie eine Windjacke und Pullover gehören ins Gepäck. Auf dem Meer und am Gipfel des Stromboli kann es auch im Sommer abends kühl werden. Wanderschuhe sind auf den Liparischen Inseln ebenso wichtig wie Badesachen!

Kriminalität

Glücklicherweise kein Thema auf den Inseln. Diebstähle kommen äußerst selten vor. Angst muss man daher keine haben, Aufmerksamkeit schadet jedoch nie. Vorsicht ist in Italien bei der Anreise mit dem Auto geboten. Vor allem in Städten sollte man im geparkten Wagen keine Wertsachen zurücklassen und durch ein geöffnetes Handschuhfach signalisieren, dass das Auto leer ist. In Neapel und Milazzo empfiehlt es sich, bei einem Ausflug auf die Inseln das Auto in einer bewachten Garage zu parken (→ S. 94).

Medizinische Versorgung

Im Krankenhaus (**ospedale**) auf Lipari erhalten Urlauber jederzeit gratis Erste Hilfe (**pronto soccorso**). Auf allen Inseln bestehen kostenlose medizinische Versorgungsdienste (**guardia medica turistica**). Wichtig für Taucher: Im Ospedale von Lipari gibt es eine Dekompressionskammer! Für Mitglieder gesetzlicher Krankenkassen ist bei Vorlage des Auslandskrankenscheins (**Vordruck E 111**), der vorher beim örtlichen Gesundheitsdienst (**ASL**) umgetauscht werden muss, die medizinische Behandlung innerhalb des staatlichen italienischen Gesundheitssystems kostenlos. In der Praxis erweist sich die Regelung als umständlich, sie gilt auch nicht für Schweizer Bürger!

Falls man die Arztrechnung bar bezahlt, benötigt man für die Erstattung durch die Krankenkasse eine detaillierte Rechnung (**ricevuta fiscale**). Der Abschluss einer privaten Krankenversicherung, die im Notfall für den Rücktransport aufkommt, ist zu empfehlen!

Auf fast allen Inseln gibt es Apotheken (**farmacia**), die manchmal den Arztbesuch ersetzen können. Die Apotheker sind meist gut ausgebildet und dürfen auch Medikamente abgeben, die daheim rezeptpflichtig wären. Hier erhält man auch Babyutensilien.

Notruf

Wichtig für die Anreise mit dem Auto: Über gebührenfreie Notrufnummern sind in Italien Polizei **112**, Unfallrettung **112** und Feuerwehr **115** zu erreichen. Kostenpflichtige Pannenhilfe des italienischen Automobilclubs **ACI** 8 00 11 68 00 und über die Notrufsäulen auf der Autobahn. Der ADAC ist in Italien ständig unter 02 66 15 91 zu erreichen.

Öffnungszeiten

Die Ladenöffnungszeiten sind flexibel. Geschäfte bleiben abends meist bis 20 Uhr geöffnet. Die Öffnungszeiten der Banken variieren, als grober Richtwert kann gelten: Mo–Fr 8.30–13.30 und 15–16 Uhr. Postämter halten ihre Schalter Mo–Fr von 8.30–13.30 Uhr und am Samstag von 8.30–12 Uhr offen, nachmittags sind lediglich die Hauptpostämter geöffnet.

Post

Postämter gibt es auf allen Inseln. Briefmarken erhält man auch in den Tabacchi-Geschäften. Die etwas teurere **Posta prioritaria** (blaue Briefkästen) hat schnellere Laufzeiten.

Reisedokumente

EU-Bürgern und Schweizern genügt ein gültiger Personalausweis, Autofahrern der nationale Führerschein. Bei Verlust helfen Botschaften und Konsulate weiter. Es ist ratsam, Fotokopien der Ausweise aufzubewahren.

Reisewetter und Reisezeit

Auf den Inseln herrscht ein gemäßigtes Mittelmeerklima. Auch wenn im Sommer die Temperaturen über 30 °C klettern, sorgt häufig eine milde Brise für Kühlung, und in den Wintermonaten fällt das Thermometer selten unter 10 °C. Die durchschnittliche Niederschlagshöhe beträgt 600 mm pro Jahr, der meiste Regen fällt zwischen Dezember und März. Die Sonne scheint insgesamt 2745 Stunden im Jahr, das ist rekordverdächtig! Ab Anfang Mai erreicht das Meer Badetemperaturen und bleibt bis Ende Oktober warm genug zum Schwimmen. März bis Juni und September bis Oktober sind die schönsten Zeiten zum Wandern. Die Macchia explodiert im Frühjahr in einem farbigen Blütenmeer, aber auch der etwas verhaltenere Herbstaspekt ist reizvoll. Von Juni bis Oktober lässt es sich besonders angenehm baden. Von Mitte Juli bis Mitte September sind die Inseln bevorzugtes Ziel italienischer Badetouristen und häufig überfüllt. Hotelpreise erreichen die Höchstmarke! Im August sollte man die Liparen meiden! Auch wenn über den Winter viele Hotels schließen und die Fähren weniger häufig verkehren, kann man mit etwas Vorausplanung auch außerhalb der Saison einen sehr reizvollen Urlaub verbringen.

Reisewetter im Internet:
www.meteo.it, www.wetter.de, www.wetteronline.de

Sprache

Auf den Liparischen Inseln wird Italienisch, teils mit neapolitanischer oder sizilianischer Dialektfärbung, gesprochen. Jüngere Leute und Beschäftigte im Tourismus sprechen Englisch. Der eigene Versuch, sich in der Landessprache verständlich zu machen, wird von den Einheimischen freudig begrüßt. Ein kleines Wörterbuch sollte mit ins Gepäck, einige wichtige Begriffe werden im Anhang erklärt (→ Sprachführer, S. 106).

Stromspannung

220 V Wechselstrom. Flache Eurostecker passen fast immer, ansonsten braucht man einen Adapter (**spina di addatamento**). Nicht immer halten Hotelrezeptionen sie bereit.

Telefon

Für die meisten Telefonzellen benötigt man eine Telefonkarte (**scheda telefonica**), die man in Tabakgeschäften (**tabacchi**) oder Bars kaufen kann. Vor dem Telefonieren muss die Karte entwertet werden, indem man die perforierte Ecken abknickt. Viele Telekom-Gesellschaften bieten Telefonkarten mit vorausbezahltem Guthaben an, mit denen man auch aus Hotels kostengünstig telefonieren kann. Das italienische Mobilfunknetz ist nach dem internationalen GSM-Standard aufgebaut. Das eigene Handy, ein entsprechender Vertrag vorausgesetzt, wählt sich problemlos ein.

Vorwahlen
I → A: 00 43
I → CH: 00 41
I → D: 00 49
A → I: 00 40
CH, D → I: 00 39

Die genauen Klimadaten von **Lipari-Stadt**

		Januar	Februar	März	April	Mai	Juni	Juli	August	September	Oktober	November	Dezember
Durchschnittl. Temp. in °C	Tag	14,7	15,4	17,6	20,2	23,3	27,4	30,4	30,6	28,4	24,1	19,9	16,4
	Nacht	5,8	6,1	7,4	9,6	12,3	15,9	18,1	18,6	17,4	14,1	10,6	7,5
Sonnenstunden pro Tag		4,5	5,2	6,1	7,5	9,3	10,1	11,3	10,4	8,4	6,5	5,2	3,9
Regentage		11,5	10,5	8,0	7,0	4,0	2,5	1,0	1,0	5,0	8,5	10,5	12,0
Wassertemp. in °C		14	14	14	15	17	21	24	26	24	22	19	16

Achtung: In Italien wird auch bei Ortsgesprächen die Vorwahl inklusive der Null mit gewählt. Auf den Liparischen Inseln beginnen alle Nummern mit 0 90.

Tiere

In den meisten Unterkünften auf den Liparischen Inseln ist die Mitnahme von kleinen Hunden erlaubt, trotzdem empfiehlt es sich, vor allem in der Hochsaison, vor der Reise in den Hotels anzurufen. Völlig problemlos ist das Übernachten mit Vierbeinern in allen Agriturismi. Hunde reisen auf Fähren und Tragflügelbooten zum ermäßigten Preis.

Trinkgeld

Das Trinkgeld (**mancia**) gehört in Italien zum guten Ton, und Menschen, die in Dienstleistungsberufen arbeiten, sind häufig darauf angewiesen. In Restaurants muss der Gast sympathischerweise den Rechnungsbetrag nicht aufrunden, sondern erhält das komplette Wechselgeld zurück und lässt nach eigenem Ermessen Trinkgeld auf dem Teller liegen. War man zufrieden, sind 5 bis 10 % angebracht.

Trinkwasser

Es gibt keine Quellen auf den Liparischen Inseln. Trink- und Brauchwasser wird mit Zisternenschiffen vom Festland gebracht. Das Leitungswasser kann unbedenklich zum Waschen und Zähneputzen verwendet werden. Es ist hygienisch einwandfrei, schmeckt aber nicht besonders. Mineralwasser in Flaschen ist überall erhältlich.

Verkehrsverbindungen

Auto, Motorrad, Vespa

Die Mitnahme eines eigenen Fahrzeuges lohnt sich kaum (→ S. 94). Asphaltierte Straßen, deren Gesamtlänge z.B. auf der größten Insel Lipari knapp 30 km beträgt, gibt es sonst nur noch auf Filicudi, Salina und Vulcano. Es macht allerdings Spaß, sich vor Ort einen Motorroller auszuleihen. Adressen in den Ortskapiteln.

Ausflugsschiffe und -boote

Auch wenn man die Äolen bereits auf den Fähren von ihrer schönsten Seite, also vom Meer, genießen kann, lohnen sich Ausflugsfahrten, die während der Saison von allen Inseln angeboten werden. Noch reizvoller sind allerdings Touren mit kleinen Fischerbooten. Unterwegs werden Badestopps in verschwiegenen, vom Land her unzugänglichen Buchten eingelegt. Preise sind Verhandlungssache.

Busse und Taxis

Auf Lipari, Salina und Vulcano verkehren Linienbusse, die von Einheimischen und Touristen gleichermaßen benutzt werden. Hinweise in den Ortskapiteln. Taxis gibt es auf den drei großen Inseln. Preise sollte man vor der Fahrt ausmachen. Auf Panarea und Stromboli übernehmen Elektrokarren und knatternde Dreiräder den Gepäck- und Personentransport.

Fähren und Tragflügelboote

Zwischen den Inseln und Milazzo verkehren mehrmals am Tag Fähren der NGI und SIREMAR sowie Tragflügelboote der SIREMAR und SNAV (→ S. 95). Lipari ist die Drehscheibe. Auf allen Inseln und auch in Milazzo befinden sich die Agenturen direkt am Hafen. Dort erhält man auch Fahrkarten und manchmal Fahrpläne. Eine Übersicht der Schiffsverbindungen stellt die AAST in Lipari zusammen (→ S. 40).

Zu Fuß

Selbst die größte Insel kann man von einem Ende zum anderen auf schönen Wegen zu Fuß durchqueren (→ Extra: Sport und Strände S. 74, → Routen und Touren S. 83, 85, 88).

Wirtschaft

In der Steinzeit war Lipari ein »Industriezentrum«. Das Vulkanglas Obsidian wurde abgebaut, zu Waffen und Werkzeugen verarbeitet und im gesamten westlichen Mittelmeerraum verhandelt. Im 19. Jh. erlebten die Liparischen Inseln bis zum Reblausbefall 1889 eine wirtschaftliche Blüte mit dem Anbau und Verkauf des Malvasiaweins. Der Anbau von Malvasia und Kapern hat heute noch eine lokale wirtschaftliche Bedeutung auf Salina. Auf Lipari wird im Tagebau Bimsstein gefördert, wichtig z. B. für die Produktion der »stonewashed« Jeans. Seit den 1970er Jahren stellt der Fremdenverkehr die Haupteinnahmequelle auf den Inseln dar.

Zeitungen

Ausländische Zeitungen und Zeitschriften erhält man mit kleiner Verspätung auf Lipari. In den italienischen Tageszeitungen werden aktuelle Fahrpläne sowie nützliche Telefonnummern abgedruckt.

Zoll

Innerhalb der EU-Länder ist die Ein- und Ausfuhr von Waren und Gegenständen des persönlichen Gebrauchs zollfrei. Für Nicht-EU-Mitglieder wie die Schweiz gelten die bisherigen Obergrenzen: 200 Zigaretten, 2 l Wein und 1 l Spirituosen.

Die liebevoll gemalte »Wanderkarte« auf Stromboli erklärt den Weg zum Cimitero Nuovo (→ S. 63).

5.–4. Jahrtausend v. Chr.

Erste menschliche Ansiedlungen auf Lipari. Einwanderer aus Sizilien beuten lokale Obsidianvorkommen aus. Die aus dem Vulkanglas gefertigten Klingen sind als Handelsartikel sehr gefragt. Die Liparoten der mittleren Steinzeit besaßen im westlichen Mittelmeerraum das Monopol.

4.–3. Jahrtausend v. Chr.

Höhepunkt des Obsidianhandels. Außer auf Salina entstehen auch auf Filicudi, Panarea und Stromboli feste Ansiedlungen. Die Ausbreitung der Kupferverarbeitung führt Ende des 3. Jh. v. Chr. zur Wirtschaftskrise.

Ende 3. Jahrtausend v. Chr.– 1430 v. Chr.

Mit Beginn der Bronzezeit bricht eine neue Periode wirtschaftlicher und kultureller Blüte an. Frühgriechische Äolier, die der Inselgruppe ihren Namen geliehen haben, wandern ein. Sie kontrollieren mit der Meerenge von Messina eine Haupthandelsroute für Metalle. Homer erinnerte in der Odyssee an ihren sagenhaften König Aiolos (lat. Äolus).

15.–9. Jh. v. Chr.

Auf Panarea errichtet ein aus Sizilien eingewandertes Volk eine neue Siedlung. Im Rahmen einer mittelmeerweiten Völkerverschiebung findet auch diese Kultur ein abruptes Ende. Ende des 13. Jh. v. Chr. erobern Ausonier vom italischen Festland die Inseln. Die Hauptinsel trägt heute noch den Namen ihres legendären Anführers Liparos. Nach einer letzten Blütephase geht im 9. Jh. v. Chr. die Bronzezeit auf den Liparischen Inseln zu Ende.

9.–6. Jh. v. Chr.

Für drei Jahrhunderte bleiben die Inseln spärlich besiedelt. Die wenigen Einwohner sind Piratenüberfällen hilflos ausgeliefert.

6.–4. Jh. v. Chr.

Während der 50. Olympiade (580– 576 v. Chr.) gelangen griechische Auswanderer nach Lipari. Sie gründen eine befestigte Siedlung mit dem Burgberg als Akropolis. Im 5. Jh. geht Lipari ein militärisches Bündnis mit Syrakus ein. Nach dem Seesieg 474 v. Chr. über die etruskische Flotte bei Cumae tritt eine wirtschaftliche und kulturelle Hochzeit an. 304 v. Chr. macht Syrakus Lipari tributpflichtig.

3. Jh. v. Chr.

Lipari verbündet sich mit Karthago und dient der Flotte Hannibals als Basis im Kampf gegen Rom. 260 v. Chr. erlangen die Römer vor Mylae (Milazzo) den entscheidenden Seesieg über die Karthager. Lipari wird 251 v. Chr. von den Römern erobert, die Äolischen Inseln verlieren ihre Unabhängigkeit.

2. Jh. v. Chr.–4. Jh. n. Chr.

Die Römer richten auf Lipari eine Militärgarnison ein und beuten auf Vulcano die Schwefellagerstätten aus. 183 v. Chr. steigt nördlich von Vulcano die Vulkaninsel Vulcanello aus dem Meer. Im römischen Bürgerkrieg fällt den Liparischen Inseln eine wichtige strategische Rolle zu. Während der späten Kaiserzeit dienen sie als Verbannungsort. Laut Legende gelangen am 13. Februar 264 die Gebeine des hl. Apostels Bartholomäus in einem Sarkophag über das Meer nach Lipari. Im 4. Jh. ist Lipari Bischofssitz.

5.–6. Jh.

Nach dem Zusammenbruch des Weströmischen Reichs geraten die Äolischen Inseln in den Strudel der Völkerwanderungen.

9.–10. Jh.

Während Sizilien nach und nach unter moslemische Herrschaft gerät, nehmen die Piratenüberfälle auf die Inseln zu.

11. Jh.
Die Normannen erobern Sizilien. 1083 stiftet Graf Roger I. das erste Benediktinerkloster auf Lipari. Normannenherrscher und Kirche fördern die Neubesiedlung der Inseln.

12.–13. Jh.
Aus der Zeit der Normannen und Staufer gibt es nur wenige Nachrichten von den Äolischen Inseln.

14.–15. Jh.
Lipari wechselt mehrfach zwischen Sizilien und Neapel die Seiten.

16.–17. Jh.
Nach heftiger Belagerung fällt Lipari 1544 in die Hände des Korsaren Khair-ad-Din Barbarossa, der die Stadt komplett zerstören lässt und mehr als 10 000 Menschen in die Sklaverei verschleppt. Im Auftrag Karls V. wird Lipari neu besiedelt, das Kastell erhält 1650 seine heutige Gestalt. Im 17. Jh. werden die kleineren Inseln wieder besiedelt.

18. Jh.
Die Äolischen Inseln zählen mittlerweile zur Etappe der Grand Tour und werden von Forschungsreisenden und Künstlern besucht. 1781 bereist Déodat De Dolomieu, der Namensgeber der Dolomiten und einer der anerkanntesten Geologen seiner Zeit, den Archipel.

19. Jh.
Die Engländer erkennen den strategischen Wert Siziliens im Kampf gegen Napoleon und stationieren Anfang des Jahrhunderts große Truppenverbände. Salina liefert Malvasia an die englische Garnison von Messina. Die regelmäßige Nachfrage löst einen Wirtschaftsboom aus. Auf Lipari wird Bimsstein und auf Vulcano Schwefel abgebaut. Erzherzog Ludwig Salvator von Habsburg bereist mit seiner Dampfyacht Nixe die Äolischen Inseln. Als Ergebnis seiner Forschungsreisen lässt er acht reich illustrierte Bände drucken. 1888 bis 1890 bricht auf Vulcano der Gran Cratere aus, die Anlagen zur Schwefelgewinnung werden zerstört. Im Jahr 1889 breitet sich auf den Inseln die Reblaus aus und vernichtet die Weinberge. Durch die Katastrophen verlieren viele Menschen ihre Existenzgrundlage und wandern in den darauf folgenden Jahren massenhaft in Richtung Amerika und Australien aus.

20. Jh.
Die Bevölkerungszahl ist etwa auf die Hälfte zurückgegangen. In den 1920er bis 30er Jahren verbannen die Faschisten auf Lipari politische Gegner. 1930 erschüttert ein heftiger Ausbruch Stromboli, ein Teil der Bevölkerung wandert aus. 1949 dreht Rossellini mit Ingrid Bergman auf der Insel »Stromboli, terra di Dio«. Im gleichen Jahr entsteht der Film »Vulcano« mit Anna Magnani in der Hauptrolle. Plötzlich finden sich die Liparischen Inseln im Licht der Weltöffentlichkeit, und die Geburtsstunde des Tourismus ist eingeläutet. Die Filme »Der Postmann« und »Liebes Tagebuch« steigern in den 1990er Jahren die Bekanntheit des Archipels. Der Fremdenverkehr ist heute die Haupteinnahmequelle der Liparen.

2000
Die Liparischen Inseln werden von der UNESCO in die Liste des Weltkulturerbes aufgenommen. Aus der Begründung: »Die Äolischen Inseln sind seit dem 18. Jh. bedeutende Forschungsstätten der Geowissenschaften. Sie veranschaulichen die Entstehung und Zerstörung von Inseln durch Vulkanismus und ermöglichen die Beobachtung anhaltender vulkanischer Phänomene.«

Wichtige Wörter und Ausdrücke

Ja	si
Nein	no
Bitte	per favore, per piacere
Und	e
Wie bitte?	prego, come?
Ich verstehe nicht	non capisco
Entschuldigung, entschuldigen Sie	scusa, scusi
Guten Morgen, guten Tag	buon giorno
Guten Abend	buona sera (sagt man schon nachmittags)
Gute Nacht	buona notte
Hallo	ciao
Ich heiße ...	mi chiamo ...
Ich komme aus ...	(io) vengo da ...
Wie geht's ?	come va?
Danke, gut	bene, grazie
Wer, was, welcher	chi, (che)cosa, quale
Wie viel	quanto
Wo ist?	dove è?
Wann	quando
Wie lange	per quanto tempo
Sprechen Sie Deutsch?	Lei parla tedesco?
Auf Wiedersehen	arrivederci
Heute	oggi
Morgen	domani

Zahlen

null	zero
eins	uno
zwei	due
drei	tre
vier	quattro
fünf	cinque
sechs	sei
sieben	sette
acht	otto
neun	nove
zehn	dieci
hundert	cento
tausend	mille

Wochentage

Montag	lunedì
Dienstag	martedì
Mittwoch	mercoledì
Donnerstag	giovedì
Freitag	venerdì
Samstag	sabato
Sonntag	domenica

Mit und ohne Auto unterwegs

Wie weit ist es nach ....?	Quanto è distante ...?
Wie kommt man nach ...?	Come si arriva a ...?
Wo ist ...	Dove è ...
– die nächste Werkstatt?	– l'officina più vicina?
– der Bahnhof/ Busbahnhof?	– la stazione/stazione del pullman (autobus)
– die nächste Bus-Station?	– la fermata del pullman (autobus) più vicina?
– der Flughafen?	– l'aeroporto?
– die Touristeninformation?	– l'ufficio turistico?
– die nächste Bank?	– la banca più vicina?
– die nächste Tankstelle?	– il distributore di benzina? (stazione di benzina, benzinaio)
Wo finde ich	Dove trovo
– einen Arzt/	– un medico
– eine Apotheke?	– una farmacia?
Bitte volltanken	Per favore, il pieno di benzina
Super	benzina super
Bleifrei	senza piombo/ benzina verde
Diesel	diesel
Mischung	miscela per motocicli
rechts	destra
links	sinistra
geradeaus	diritto
Gibt es hier in der Nähe eine Parkmöglichkeit?	Scusi c'è un parcheggio qui vicino?

Ich möchte ein Auto/ein Fahrrad mieten — *Vorrei noleggiare un automobile/una bicicletta*

Wir hatten einen Unfall — *Abbiamo avuto un incidente*

Bitte eine Fahrkarte nach ... — *Per favore, un biglietto per ...*

Hin und zurück — *andata e ritorno*

Im Notfall

Hilfe — *aiuto!*

Haltet den Dieb! — *al ladro!*

Können Sie mir bitte helfen) — *mi può aiutare per favore?*

Mein Auto ist aufgebrochen (gestohlen) worden — *mia macchina è stata forzata (rubata)*

Wo ist das nächste Polizeirevier — *dov'è il prossimo commissariato?*

Können Sie mir Ihren Namen und Ihre Anschrift geben? — *mi può dare il Suo nome e il Suo indirizzo, per favore?*

Autounfall — *incidente di macchina*

Krankenhaus — *ospedale*

Krankenwagen — *ambulanza*

Notaufnahme — *pronto soccorso*

Arzt — *medico*

Notarzt — *medico di turno*

Apotheke — *farmacia*

Wo finde ich ein Taxi? — *dove trovo un tassi?*

Hotel

Ich suche ein Hotel — *Cerco un albergo*

Ich suche ein Zimmer für ... Personen — *Cerco una camera per ... persone*

Haben Sie noch ein Zimmer frei? — *Lei ha ancora una camera libera?*

– für eine Nacht — *– per una notte*

– für zwei Tage — *– per due giorni*

– für eine Woche — *– per una settimana*

Ich habe ein Zimmer reserviert — *Ho prenotato una camera*

Wie viel kostet das Zimmer? — *Quanto costa (la camera)?*

– mit Frühstück — *– con prima (piccola) colazione*

– mit Halbpension — *– con mezza pensione*

Kann ich das Zimmer sehen? — *Posso vedere la camera?*

Ich nehme das Zimmer — *Si, la prendo*

Kann ich mit Kreditkarte zahlen? — *Posso pagare con la carta di credito?*

Haben Sie noch Platz für ein Zelt/einen Wohnwagen? — *C'è ancora posto per una tenda/una roulotte?*

Einkaufen

Wo gibt es ...? — *Dove è ...?*

Haben Sie ...? — *Lei ha ...?*

Wie viel kostet ...? — *Quanto costa ...?*

Kann ich es anprobieren? — *Posso provarlo?*

Das ist zu teuer — *Costa troppo*

Geben Sie mir bitte 100 g/ein Pfund/ein Kilo — *Per favore, mi dia un etto/mezzo chilo/un chilo*

Danke, das ist alles — *Grazie, è tutto*

Geöffnet/geschlossen — *aperto/chiuso*

Bäckerei — *fornaio, panetteria, panificio*

Kaufhaus — *grande magazzino*

Markt — *mercato*

Metzgerei — *macelleria*

Haushaltswaren — *negozio di casalinghi*

Lebensmittel — *negozio (generi) di alimentari*

Briefmarke(n) für einen Brief/Postkarte nach Deutschland/Österreich/Schweiz — *francobollo(i) per una lettera/cartolina per la Germania/l'Austria/la Svizzera*

Postamt — *ufficio postale*

A   B   C

1

T y r r h e n i a n   S e a

Punta Labror

Semaforo Labronzo

Filo del Fuoco

Isola di Stromboli

2

Scoglio Baccalà

Sciara del Fuoco

Punta Chiappe

100

Fili di Baraona

Punta dei Corvi

Crateri

Pizzo la Fossa
918

8

Timpone del Fuoco
147

Serro delle Capre

Fossetta

Vigna Vecchia

Scoglio del Vento

7

I Vanco
•**912 924**

Frontone
853

Ginostra

S. Vincenzo

Locanda Petrusa

811
•

Gramigne

3

Pertuso

Làzzaro

Cugno Aghiastro

Serro Monaco

Costa S. Vincenzo

Sacche di Làzzaro

Vallone del Monaco

Punta del Monaco

Punta Le

4

Panarea, Salina, Lipari

A   B   C

Napoli

Strombolicchio

Punta Frontone
o Faraglione

Piscità
Grotta di Eolo
Scalo dei Balordi
S. Bartolo **Stromboli**
S. Bartolo Villaggio Stromboli
Solemare Ficogrande
Villa Petrusa La Sirenetta
Miramare Punta Lena
La Nassa
Semaforo Nuovo S. Vincenzo
114 S. Vincenzo
Scari
Semaforo
Osservatorio S. Vincenzo
Geofisico Pizzillo
Le Mandre
L i s c i o n e La Petrazza

Roisa

Adorno

Vallonazzo

e n t o

Forgia Vecchia
Roccazza

Porteduzza Malpasseddu

Serro dei Vari Malpasso

Serro Barabba Bonifizio

L'Omo
150

Punta dell' Omo

T y r r h e n i a n S e a

0   800 m

© MERIAN-Kartographie

T y r r h e n i a n   S e a

5

6

Isola di Panarea

Grotta del Tabacco
Punta Pallisi

Scoglio la Nave   **Scoglio Palisi**
168

Sorgente Termale

Punta Scritta   **Castello di Salvamento**   Calcara
319

Cala Bianca

Palisi

Ditella
Sorgente Termale

Punta del Corvo
421

Soldata

Punta Lariano   **Punta Cardosi**   **Punta Falcone**
Punta Muzza   402   158

S. Pietro   Punta Peppemaria

7

La Fossa

Grotta Polomba

Costa del Capraio

Castello

Punta del Tribunale   *Scoglio del Sorcio*
168   **Drauto**

Scoglio la Loca

Punta Torrione

Piano Milazzese   *Caletta dei Zimmari*   *Le Formiche*

35

Villaggio Preistorico

Cala Junco
Punta Milazzese

8

Salina, Lipari

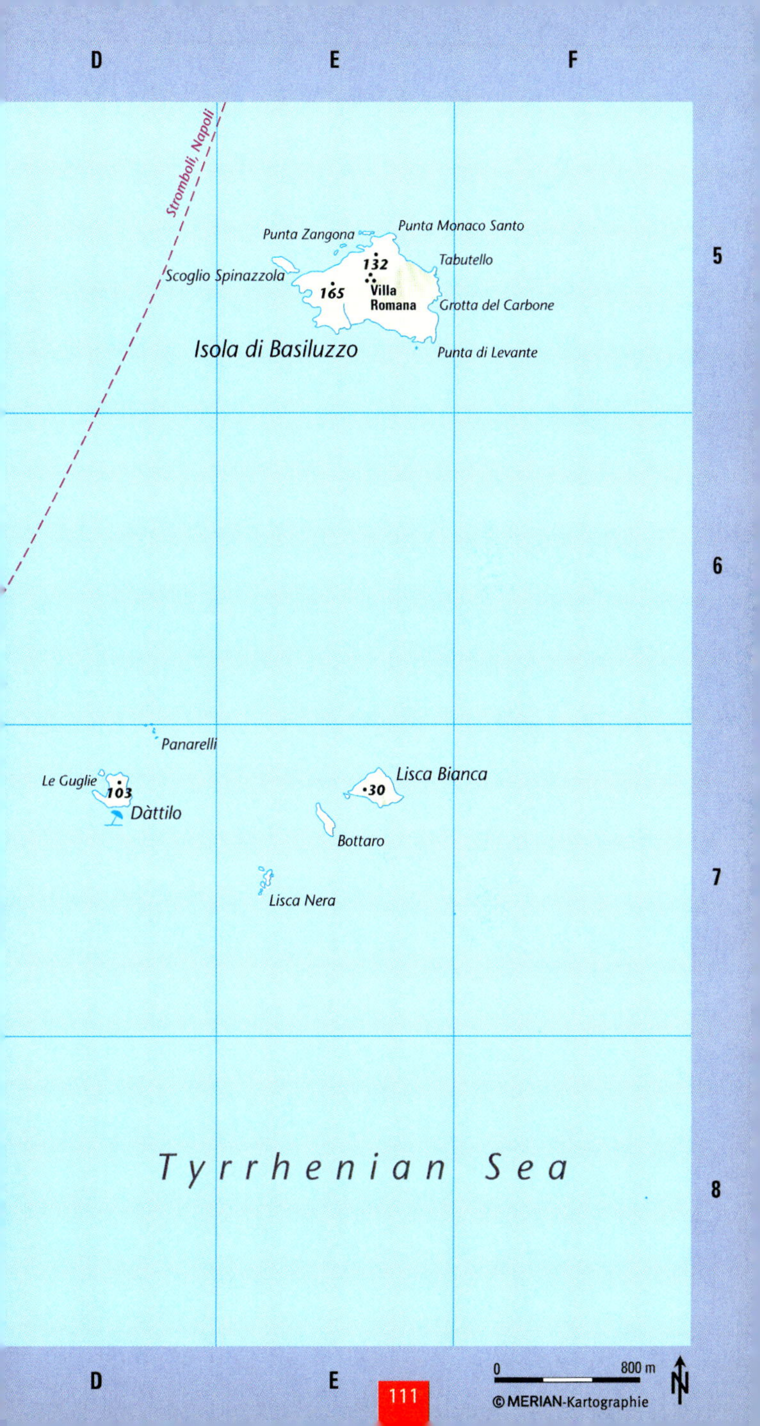

Stromboli, Napoli

Punta Zangona   Punta Monaco Santo

132

Tabutello

Scoglio Spinazzola

165   Villa Romana

Grotta del Carbone

Isola di Basiluzzo

Punta di Levante

5

6

Panarelli

Le Guglie

103

Lisca Bianca

Dàttilo

•30

Bottaro

7

Lisca Nera

T y r r h e n i a n   S e a

8

0   800 m

© MERIAN-Kartographie

N

9

Scoglio Giafante

Punta la Zotta

Filo

Fica

Celle

Scoglio
della Canna 71

Scoglio di Montenassari

Scoglietto

V. Vannirahna

Piano Ospedale

Scoglio la
Mitra

Siccagni

V. Ghianda

Scoglio della
Fortuna

Serro Monac

Serro Grotto

10

Punta Perciato

V. Collerestacc

Grotta del
Bue Marino

Sci

Costa dello Scia

Isola di Alicudi

Punta di Malopasso

Spano

11

Dirittusu
554

Angona
562

Chierica

Bazzina

Scoglio
Galera

Timpone delle
Femmine
666

672

Montagnole

675

Castello

Filo dell' Arpa
662

S. Bartolo

Montagna

651

Punta Fucile

Pianicello

Molino

468

Chiesa del Carmine

Sciaratello

Alicudi Porto

Filicudi

12

Tonna

Piano di Mandra

Ericusa

Scoglio Palomba

Perciato

Palermo

Cefalù

9

Scoglio Cacato

nco

Cordonello

Sciara

ta Grande

Punta Ariella

471

Valle la Fossa

Taccone

Punta dello Zucco Grande

aglione

645

V. Fontana

Timponazzo

Zucco Grande

156

Isola di Filicudi

ossa delle Felci

774

654

Punta Lazzaro

310

Riberosse

Serra Chiumento

10

Vallone dei Pazzi

B e n e f i z i o

Brigantini

Fili di Sciacca

V. Lepperasso

Val di Chiesa

V. la Fossa

Montepalmieri

Sardo

344

Monte Terrione

278

Monte Montagnola

383

Portella

Liscio

Salina, Lipari

Stimpagnato

Pecorini

Rocca

dei Ciauli

Villa La Rosa

La Canna

Filicudi Porto

Monte Guardia

145

Pecorini

a Mare

Canale

98

La Sirena

timpagnato

Piano del Porto

Montagnola

174

Capo

Graziano

11

Filo di Lorani

Villaggio

Preistorico

Le Punte

T y r r h e n i a n   S e a

12

0   800 m

© MERIAN-Kartographie

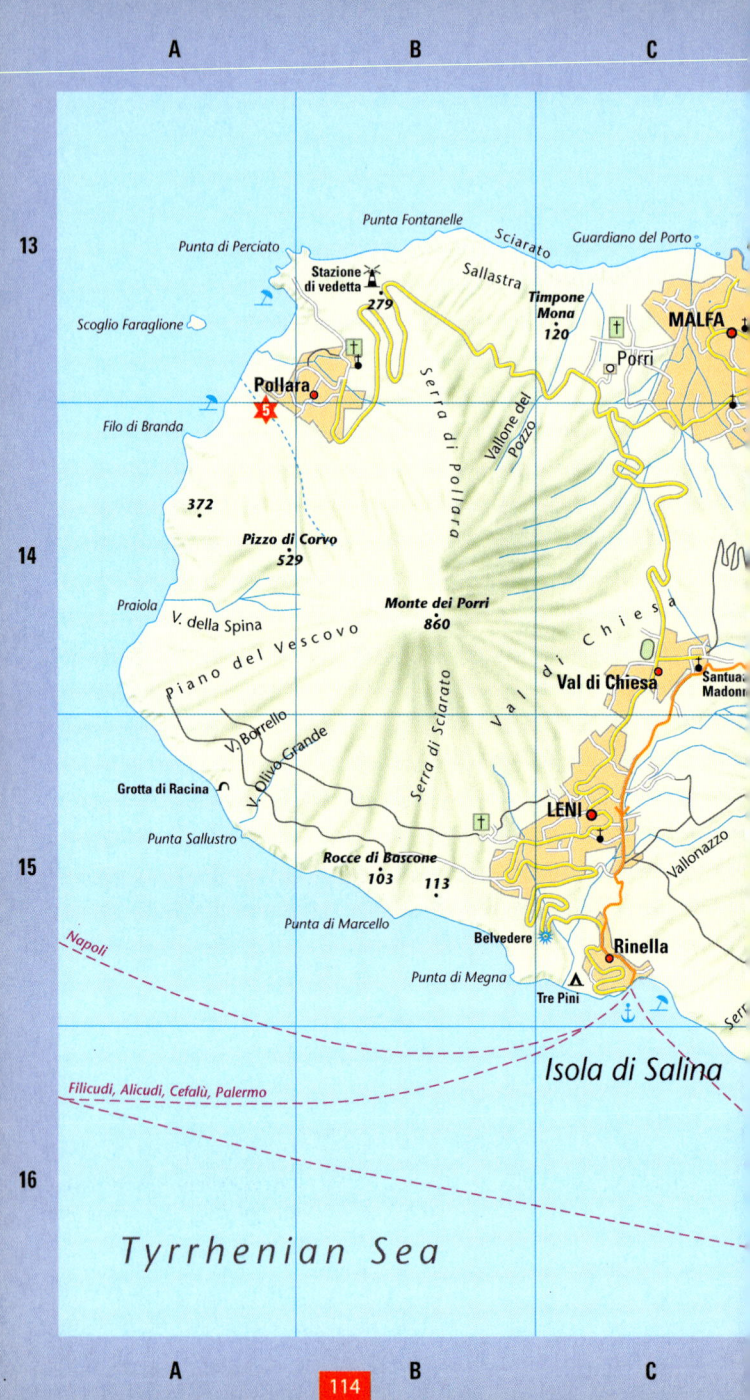

13

Punta Fontanelle

Sciarato

Guardiano del Porto

Punta di Perciato

Sallastra

Stazione
di vedetta
279

Timpone
Mona
120

MALFA

Scoglio Faraglione

Porri

Pollara

Filo di Branda

Serra di pollara

Vallone del Pozzo

372

14

Pizzo di Corvo
529

Monte dei Porri
860

Val di Chiesa

Praiola

V. della Spina

piano del Vescovo

Serra di Sciarato

Val di Chiesa

Val di Chiesa

Santua
Madon

V. Borrello

V. Olivo Grande

Grotta di Racina

LENI

Punta Sallustro

15

Rocce di Bascone
103

113

Vallonazzo

Punta di Marcello

Napoli

Belvedere

Rinella

Punta di Megna

Tre Pini

Serr

Isola di Salina

Filicudi, Alicudi, Cefalù, Palermo

16

Tyrrhenian Sea

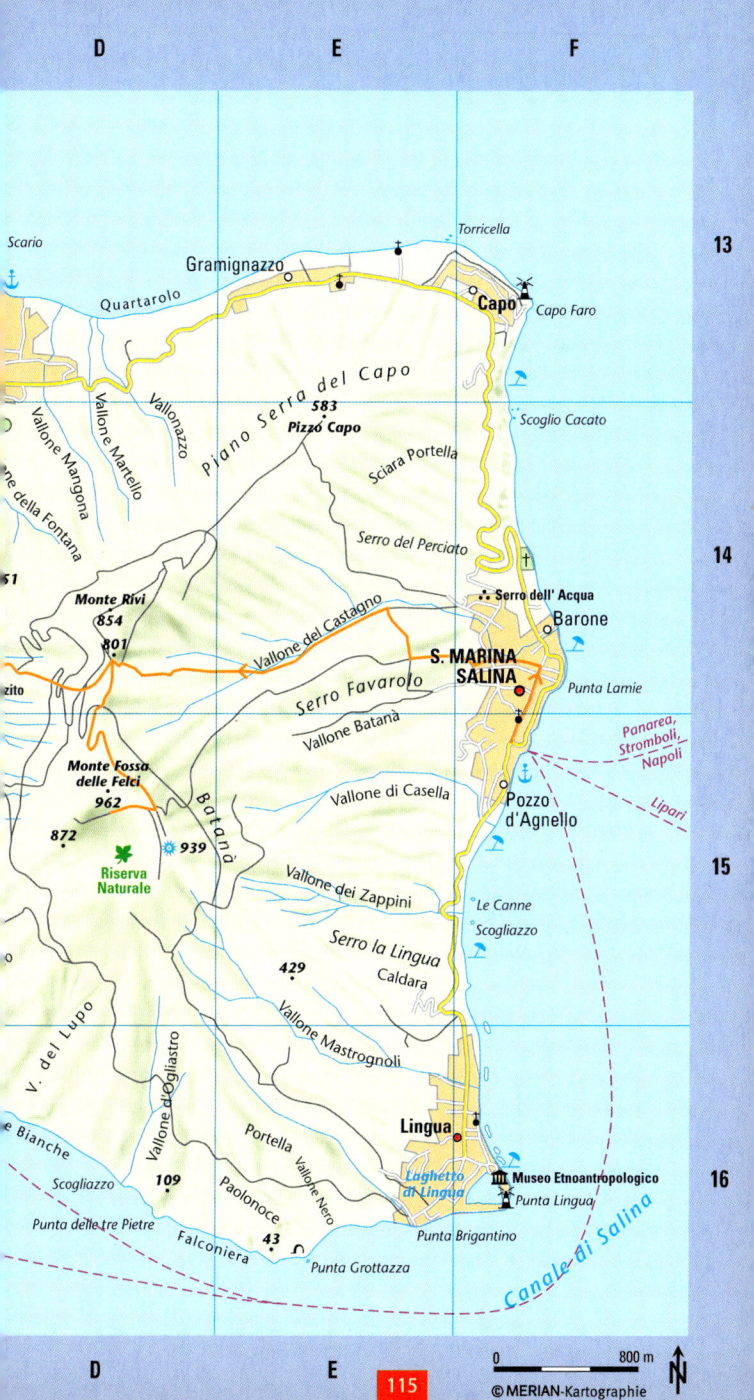

A **B** **C**

17

Canale di Salina

Punta del Legno Nero

Le Puntazze

Scoglio dell' Immeruta

Vallone di Bezzotto

Vallone Malopasso

Chiesa
Vecchia

18

Contrada Bertaccie

352·

Contrada Bonanno

Tivoli

Chiesa
Nuova **Quattropani**

Costa d'Agosto
529

Monte Chiric...
602

Pietrovito

Valle di Pera

☩ Sangre Rojo

Cala Sciabeca

A Menza
Quartara

Chirica Rasa

*Timpone
Ospedale
356·*

Vallone Fiume Bianco

Vallone Fiume Bianco

19

Scoglio le Torricelle

*Timpone
Pataso
336*

Castellaro

Serra di Forsa

Contrada Bosce

Punta Palmeto

Madoro

☀ 594
Monte S. Angelo

Bagno Secco

*Timpone del Grado
416*

*Punta del
Cugno Lungo*

*Timpone Ricotta
328*

Contrada C...

*Monte Mazzacaruso
322·*

20

Cala Fico

Piano Grande

Varesana di Sopra

A Zu Peppino Mauro

Casa Gialla

Terme di
S. Calogero

3

Varesana di Sotto

Vallone dei Lacci

● **Pianoconte**

Pietra del Bagno

Le Macine ☩

Fossi di Ruardo

Piano

A **B** **116** **118** **C**

17

Salina, Filicudi, Alicudi, Cefalù, Palermo

Scoglio dei Monaci

Punta della Castagna

Acquacalda

Da Lauro

Porticello

Cava di Pomice

Colate di Lava

Isola di Lipari

18

Cave di Pomice

Campo Bianco

Fossa delle Rocche Rosse

Monte Pilato 476

Capo Rosso

Fossa Castagna

Spiaggia della Papesca

Cugno di Mondra 326

Pomiciazzo

Vallone del Gabellotto

Punta di Sparanello

19

Colle S. Elmo 516

Casajanca

S. Cristoforo

Canneto

Panarea, Stromboli, Napoli

Forgia Vecchia

Pirrera 303

Il Vallonaccio

Punta della Galera

Lisca

Serra Pirrera

Baia Unci

Sciarra di Monterosa

260

Vallone Canneto dentro

U Mazzuni 239

M o n t e r o s a

S. Margherita

221

Pietra Campana

20

Pignataro di fuori

Pignataro di dentro

Baia di Porto Salvo

Piano della Marina

Chiesa dell' Annunziazione

Valle

119

117

0   800 m

© MERIAN-Kartographie

N

117

Pietra Campana

Pignataro di fuori

Pignataro di dentro

Fossa della Valle

Chiesa dell'
Annunciazione

Piano della Marina

Marina di Porto Salvo

Approdo traghetti

21

Milazzo, Messina,
Reggio di Calabria

LIPARI

2

Castello

cchi

Diana

Approdo aliscafi

S. Bartoloo
al Monte

S. Anna

Portinente
(Porto delle Genti)

Monte Giardina
278

Fossa di M. Giardina

S. Nicola

Monte Guardia
369

Punta di Capistello

Punta S. Giuseppe

22

155

Contrada Urnazzo
254

Capistello

S. Lazzaro

Sotto il Monte

S. Salvatore
268

S. Salvatore
226

Punta di Costa

Scoglio della Secca

Formiche
59

Contrada Falcone

215

Osservatorio
Geofisico

156

Capparo

23

a del Perciato

Pietralunga

Sponda di
Vinci

Scoglio Quadro di S. Giuseppe

60

Pietra Menalda

Punta della Crapazzg

Bocche di Vulcano

Sponda Lena

Punta del Roveto

Punta Liscio

32

Punta dello Scoglitto

Vulcanello
123
62

Punta Samossà

sola di Vulcano

24

Cappello di Bonanno

ta Cala del Formaggio

Capo
Grosso

Cala del
Formaggio

Porto di
Ponente

Scoglio di
Mastro Minico

Cala di
Mastro Minico

.95

.99

Acqua di Bagno

10

Vulcano

120

Faraglione della
Fabbrica

Porto di Levante

ro Minico

119

0   800 m

© MERIAN-Kartographie

N

Punta dello Scoglitto

Punta Cala del Formaggio

119

Porto di Ponente

Capo Grosso

Cala del Formaggio

.95

.99

Scoglio di Mastro Minico

Cala di Mastro Minico

Punta di Mastro Minico

Vulcano

56

Acqua di Bagno

10

Faraglione della Fabbrica

Porto di Levante

Punta del Monaco

74

140

Forgia Vecchia

Monte Lentia

.187

318

Villaggio Turistico

9

Gran Cratere o La Fossa di Vulcano

Punta della Sciarra del Monte

88.

208

391

Testa Grossa 56

Grotta del Cavallo

291

.352

190

62

Punta di Capo Secco

163

Pietra Quaglietto

Scoglio di Capo Secco

168

60

Grotta dei Palizzi

Cava di Pomice

Vallonazzo

21

Spiaggia Lunga

Passo del Piano

Grotta dei Pisani

Monte Sareceno

306

481

Piano d'Alighieri

C. Villante

Capo Secco 137

Scoglio dell'Arpa

354

Punta del Rosario

Grotta dell' Abate

Scoglio Conigliari

361

Punta Conigliara

Scogliazzo

T y r r h e n i a n   S e a

Isola di Vulcano

© MERIAN-Kartographie

0   800 m

Orts- und Sachregister

Hier finden Sie alphabetisch aufgeführt alle in diesem Band beschriebenen Orte und Ziele, Routen und Touren. Bei einzelnen Sehenswürdigkeiten steht jeweils der dazugehörige Ort in Klammern, bei Hotels steht zusätzlich die Abkürzung H für Hotel. Außerdem enthält das Register wichtige Stichworte sowie alle MERIAN-Tipps dieses Reiseführers. Wird ein Begriff mehrfach aufgeführt, verweist die **fett** gedruckte Zahl auf die Hauptnennung im Band.

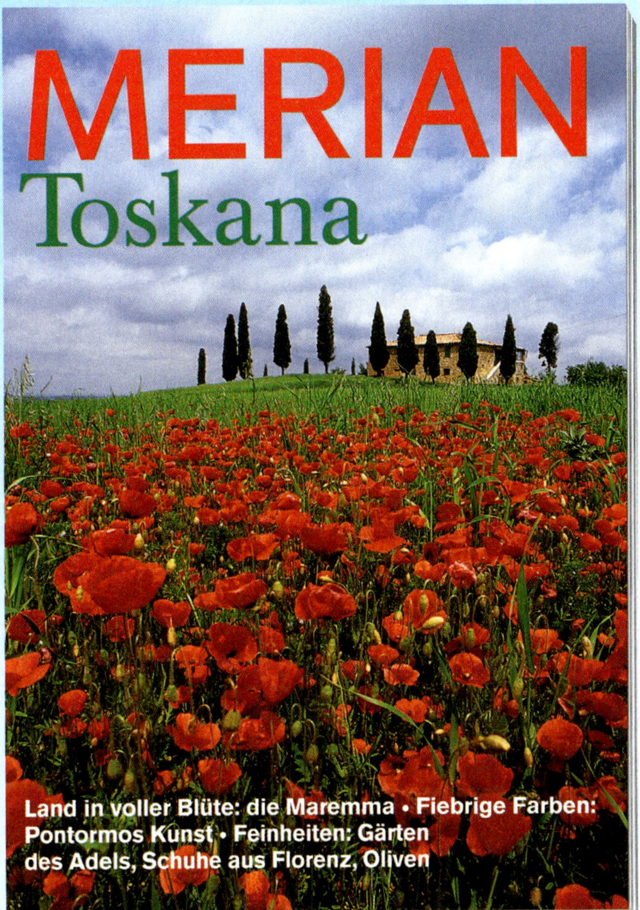

MERIAN
Toskana

Land in voller Blüte: die Maremma · Fiebrige Farben: Pontormos Kunst · Feinheiten: Gärten des Adels, Schuhe aus Florenz, Oliven

Für mehr Urlaub – MERIAN

MERIAN
Die Lust am Reisen

Impressum

Liebe Leserinnen und Leser,

Sie haben die Neuausgabe 2002 von MERIAN live! vor sich, die von unseren Autoren aktuell vor Ort recherchiert wurde. Wir freuen uns, Ihre Meinung zu diesem Reiseführer zu erfahren. Bitte schreiben Sie uns, wenn Sie Berichtigungen und Ergänzungsvorschläge haben oder Ihnen etwas besonders gut gefällt.

Gräfe und Unzer Verlag, Reiseredaktion, Postfach 86 03 66, 81630 München
E-Mail: merian-live@graefe-und-unzer.de

Alle Angaben in diesem Reiseführer sind gewissenhaft geprüft. Preise, Öffnungszeiten usw. können sich aber schnell ändern. Für eventuelle Fehler übernimmt der Verlag keine Haftung.

Redaktion: Martina Gorgas
Kartenredaktion: Reinhard Piontkowski, Beate Jankowski

Bei Interesse an Karten aus MERIAN-Reiseführern schreiben Sie bitte an: iPUBLISH GmbH, geomatics, Berg-am-Laim-Straße 47, 81673 München. E-Mail: geomatics@ipublish.de

Gestaltung: Ludwig Kaiser
Karten: MERIAN-Kartographie
Produktion: Maike Harmeier
Satz: H3A GmbH, München
Druck und Bindung:
Stürtz AG, Würzburg

Alle Fotos von Peter Amann

ISBN 3–7742–0716–X

Gedruckt auf Primabulk von Papier Union.

10 9 8 7 6 5 4 3 2 1